吾国幼稚为萌芽时代，同志诸君，处处须有研究态度，使灿烂之葩，得以尽放……深愿吾国幼稚教师于百忙中每日抽出十分钟之时间，记录其一日间之所得诸问题，如儿童之行为，好尚，身体之发达状况，学习之能力及其特遇之事；又有教学上之实际问题等。此虽小事，实为吾国幼稚教育之根本事业也。

——张宗麟

吾国幼稚为萌芽时代，同志诸君，处处须有研究态度，使灿烂之花，
得以尽放……深愿吾国幼稚教师于百忙中每日抽出十分钟之时间，
记录其一日间之所得诸问题，如儿童之行为，好尚，身体之发达状况，
学习之能力及其特遇之事；又有教学上之实际问题等。此虽小事，
实为吾国幼稚教育之根本事业也。

——张宗麟

卓越教师培养系列教材

高等院校学前教育专业教材

国家一流本科专业建设成果

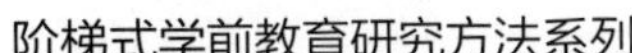

跟随学前教育名家做研究

陶莹　著

高等教育出版社·北京

内容提要

本书呈现了我国学前教育领域十位名家各自具有代表性的研究案例，从中我们能学习他们的研究精神、研究态度和研究方法，这些研究为幼儿园教师学做研究提供了范例。本书每个单元设置了“名家简介”“研究案例”“研讨思考”“学做研究”“延伸阅读”五个栏目；每个单元聚焦一位名家的经典研究，并通过学前教育专业本科生、研究生，以及一线教师的观察记录或研究案例，将学做研究的过程和经验呈现出来。这样做的目的是帮助学前教育专业的学生更好地理解研究型幼儿园教师的深刻内涵。本书简明实用，具有较强的实践指导意义。

本书适合高等院校学前教育专业本、专科学生使用，也可作为学前教育研究者及幼儿园教师职后培训的主要参考用书。

图书在版编目（CIP）数据

跟随学前教育名家做研究 / 陶莹著. -- 北京 ：高等教育出版社，2019.12

ISBN 978-7-04-052849-7

Ⅰ. ①跟… Ⅱ. ①陶… Ⅲ. ①学前教育-研究方法-高等学校-教材 Ⅳ. ①G612

中国版本图书馆CIP数据核字（2019）第227715号

“十三五”江苏省高等学校重点教材（编号：2019-2-032）

跟随学前教育名家做研究

Gensui Xueqian Jiaoyu Mingjia Zuo Yanjiu

策划编辑 王雅君　责任编辑 王雅君　封面设计 张志奇　版式设计 杜微言

插图绘制 于 博　责任校对 陈 杨　责任印制 韩 刚

出版发行 高等教育出版社

社　　址 北京市西城区德外大街4号

邮政编码 100120

印　　刷 北京印刷集团有限责任公司

开　　本 787 mm × 1092 mm 1/16

印　　张 6.25

字　　数 110千字

购书热线 010-58581118

咨询电话 400-810-0598

网　　址 http://www.hep.edu.cn

http://www.hep.com.cn

网上订购 http://www.hepmall.com.cn

http://www.hepmall.com

http://www.hepmall.cn

版　　次 2019年12月第1版

印　　次 2019年12月第1次印刷

定　　价 15.00元

物 料 号 52849-00

序

研究能力是新时代对有质量的幼儿园教师的基本要求。2018年，中共中央、国务院印发的《关于学前教育深化改革规范发展的若干意见》指出，要“完善教师培养体系”“扩大有质量教师供给”。教育部《关于实施卓越教师培养计划2.0的意见》提出，要“培养造就一批教育情怀深厚、专业基础扎实、勇于创新教学、善于综合育人和具有终身学习发展能力的高素质专业化创新型幼儿园教师”。《幼儿园教师专业标准（试行）》明确提出，幼儿园教师应具备“反思与发展”的专业能力，能主动收集分析相关信息，不断进行反思，改进保教工作；能针对保教工作中的现实需要与问题，进行探索和研究。

所以，培养高素质、专业化、研究型幼儿园教师成为学前教育专业本科层次人才培养的主要目标。为了实现这个目标，研究方法课程要扮演重要的角色。该课程能帮助学生掌握必要的研究方法，并经历研究的完整过程，有助于达到培养高素质、专业化、研究型幼儿园教师的目标。

一、教学改革

传统的研究方法课程一般只开设一个学期，教师只能以讲授的方式向学生介绍各种研究方法，学生看似学习了各种研究方法，但因缺乏实践机会而不能熟练地掌握并应用。自20世纪90年代末开始，南京师范大学学前教育系根据人才培养的需要，对研究方法课程进行了重大调整，将研究方法课程由一个学期的单一课程扩展为五个学期、五个专题的系列课程，包括专业入门、文献法、观察法、调查法、论文选题与写作，课程名称由“幼儿教育研究方法”改为“学前教育研究方法与训练”，这样既保证了研究过程的完整性，又凸显了幼儿园教师需要重点掌握的研究方法。

我们为此组建了专门的“学前教育研究方法与训练”教学团队，就研究方法课程进行了系列教学改革与项目研究。在长期的教学改革过程中，我们达成几点共识：从关注教师“教什么”向关注学生“学什么”转变 ，从让学生“被迫学习”向激发学生“主动求知”转变，从单一“课堂教学”向多元“媒介学习”转变，从“教材体系”向“学材体系”转变。在长期实践中，我们根据“毕业生回炉交流与学习”“毕业生线上问题咨询”情况，以及定期收集的用人单位人才使用反馈意见，不断调整课程结构。

二、教材构成与特色

在教学改革与项目研究过程中，我们发现已有教材难以实现我们的人才培养目标，也与我们的教学理念有出入。为了更好地培养具有专业素养和研究能力的幼儿园教师，本团队也致力于编写一套理念先进、以生为本、内容翔实、形式多样的阶梯式学前教育研究方法系列教材，以切实提高学生的研究能力。

这套教材由《学前教育研究方法导论》《跟随学前教育名家做研究》《学前教育观察法》《学前教育调查法》《学前教育专业毕业论文写作》五个册本构成。其中，《学前教育研究方法导论》旨在帮助学生初步了解各种研究方法，形成对学前教育研究方法的整体认识，主要围绕幼儿园教师是否需要做研究和如何做研究的问题展开，介绍了学前教育研究可能用到的各种研究范式和研究方法。《跟随学前教育名家做研究》介绍了陈鹤琴、张雪门等十位学前教育名家是如何通过研究发现儿童、发现学前教育的基本规律的。这十位名家为学生树立了研究的榜样，学生在模仿前辈的研究中，能够端正研究态度，提升专业自信，激发教育情怀，达到由知到行的目的。在全面了解研究方法的基础上，学生还要由面到点、深入系统地学习《学前教育观察法》和《学前教育调查法》。这两本教材围绕学前教育最常用的两种研究方法的特点、适用性、使用程序和基本方法，为学生提供了大量的活动，帮助学生在研究和练习中，由浅入深、循序渐进地掌握这两种研究方法。

最后，学生可以由分到合、注重实效地学习《学前教育专业毕业论文写作》。该册书系统地梳理了如何选择研究问题、深入现场收集资料、整理分析研究结果、呈现表达研究成果等内容。在大量的练习中，学生能掌握论文写作的方法和技巧，最后以一篇学位论文完成系列研究方法的学习。

总体而言，阶梯式学前教育研究方法系列教材具有以下几个特点。

第一，注重体验，操作性强。方法必须在“做中学”，学生必须“在做研究的过程中体验并学会做研究”。本教材总结了南京师范大学学前教育系十多届学生在做研究过程中遇到的问题、行之有效的经验，在吸纳国际、国内学前教育研究方法的新进展的基础上，为学生了解并掌握研究方法提供了较多“做”的机会，帮助学生对研究过程进行反思，进而内化相关知识，提升研究能力。

第二，自主学习，多元互动。本系列教材为学生设置了许多练习问题，问题的参考答案以二维码的形式链接在教材中，这也是学生、教师与教材编写者对话的窗口。同时，我们还为学生提供了大量阅读资料，供学有余力的学生进一步拓展学习，扩大研究的视野。

第三，相互捆绑、单独成册。本系列教材依知识类型和知识点，分成五个分册，这样既突出重点，又能使内容相对独立，便于学生集中学习，同时便于携带和管理。五个分册之间的知识点彼此联系且相互渗透，学生通过扫描二维码，还可便捷、高效地查看其他分册相关知识点内容，避免了重复繁杂。

衷心感谢高等教育出版社领导和编辑的鼎力支持，除了随时在线沟通外，肖冬民分社长和王雅君编辑不辞辛劳专程来南京与作者面对面交流，从而有效提升系列教材的质量，也促使系列教材能够早日面世。

阶梯式学前教育研究方法系列教材是南京师范大学“学前教育研究方法与训练”教学团队持续改革、不懈努力与创新的成果。恳请同行批评指正！

“学前教育研究方法与训练”教学团队建设

项目负责人：邱学青

2019年12月于随园校区

前言：向学前教育名家致敬

本书向大家介绍了我国学前教育领域的十位名家，他们扎根中国大地，为我国学前教育事业的创建和发展做出了杰出贡献。通过认真研读他们的教育论述，我们会发现这十位学前教育名家对幼儿园教师为何要做研究、如何开展研究等问题有精辟的论述。本书将各位名家有关幼儿园教师研究的真知灼见和研究精神整理成文，以便于我们更好地理解研究型幼儿园教师的深刻内涵。

这十位学前教育名家与南京师范大学有着深厚的渊源，为南京师范大学学前教育专业的发展奠定了坚实的基础。他们曾经都是幼儿园的一线教师，对幼儿充满关爱，对学前教育充满热情，是研究型幼儿园教师的典范。他们在教育实践中基于实际问题，运用观察法、调查法、实验法、行动研究等方法研究儿童的发展和幼儿园课程的设置，又用研究成果指导日常的教育教学活动。我们选择这十位学前教育名家各自具有代表性的研究案例、开展研究的具体做法和思路与大家分享，让大家知道研究就在身边，不是那么神秘，遥不可及的。下面，我们就来聆听名家们是如何看待教育和研究的。

做父母、做教师的，要怎样来实践他们教导儿童的责任呢？我觉得可靠的途径之一，便是要了解儿童，儿童的喜怒哀乐、儿童的生长与成熟、儿童的学习与思想、儿童的环境以及儿童从新生到成长的整个过程当中所产生的一切变化与现象，我们都应有相当的研究与认识。只有在了解儿童之后，我们对儿童的教导，才能确实有效。……但如何才能了解儿童呢？这不得不靠儿童心理学的帮助。……我们要了解儿童，要教育儿童，就得老老实实地来研究儿童心理学。也许大家要问，儿童心理学究竟要怎样去研究呢？是不是多看几本儿童心理学的书籍，多读几家儿童心理学的理论，就算是研究儿童心理学了呢？自然，读书是必要的，但这是不够的。因为书本上得到的知识，都是间接的知识，它是别人的经验，而并非自己所有的经验，并非直接获得的知识……研究任何一门学问，我们还应当直接地去调查，去观察与实验，用事实来证验理论，这样的学问，才算是真学问。

——陈鹤琴

结果是圆满的，研究其所以圆满的原因；结果是失败的，研究其所以失败的所在。随时研究，随时反省。随地反省，随地研究，因研究反省没有已时，所以学问的进展也没有已时，而结果自然一天比一天的美满。……在工作进行中，每日要对旧的工作，作个整理；新的工作，作个计划。在理旧布新的时候，要有检讨、研究、批评的过程……凡人碰到问题，不要凭着成见，必须经过自己的观察和自己的思考，一次两次，继续推索下去，一直到明白客观的真相为止。

——张雪门

一切学说定理，皆可为当时当地适用品，移地逾时，皆当重新试验。吾国幼稚为萌芽时代，同志诸君，处处须有研究态度，使灿烂之葩，得以尽放……盖吾国儿童之特性如何，用何法教之可以收效等问题，非实地施教者断不能知之。彼埋头研究者，其所得成绩，或来自外国，或凭其理想，或属于片面，更有全属理论，而无实际经验，此于教育上之关系不甚大。深愿吾国幼稚教师于百忙中每日抽出十分钟之时间，记录其一日间之所得诸问题，如儿童之行为，好尚，身体之发达状况，学习之能力及其特遇之事；又有教学上之实际问题等。此虽小事，实为吾国幼稚教育之根本事业也。

——张宗麟

要迅速地承认并反馈儿童表达的感情，使他（们）能洞察自己的言行。承认感情和解释感情是截然不同的，但两者之间又难以绝对区分。例如，一个6岁男孩，由于胆小，有过分恐惧和忧虑的心情。他玩娃娃家时，拿出一个男孩娃娃，对治疗者（教师）说："他妈妈把这男孩送到这里来，这里有沙滩，他害怕，不愿意去，他妈妈一定要他去。他哭了。"这时治疗者（教师）就反馈说："这个男娃害怕，他不愿意去，他妈妈一定要他去，他哭了。"而不应解释说："你害怕，不愿……"因为这个孩子还没有思想准备说自己。治疗者（教师）就应跟着他说娃娃害怕。在治疗者（教师）领会和反馈儿童表达的感情时，这个儿童就会继续前进，治疗者（教师）就能看到这个儿童逐渐获得了自知力。反馈感情，非常重要，也是较难（掌握）的技能技巧。

——方观容

吾生也有涯，而知也无涯……我认为，学前教育的理论最主要的是了解和认识我们研究和工作的对象——儿童，包括认识和了解他们身体的、感知运动的、认识的、社会的、情感的和审美的一般特点，以及每个具体儿童的个别差异；其次，要认识和理解他们所处环境对年轻一代的要求，包括生态环境和社会环境对他们的要求，并结合儿童的具体发展状况，考虑每个儿童所处的具体地区和家庭的特点，从而制定适宜的教育目标和任务；在深刻理解了儿童和教育目标之后，再选择、采用适合的教育内容和方法。这些便是学前教育理论的主要内容。这其中，深刻理解儿童和教育目标是根本。

——黄人颂

我总喜欢观察两种对象：植物和孩子。植物给人带来爽心悦目的清新，孩子给人送来真心实意的微笑……未来幼教的改革和探索要注意研究普及和提高。对理论研究者和实践工作者来说，都要重新思考已有的成果，并使研究成果由点到面不断推开。如何推开，如何让研究成果使更多的孩子受益，我从研究托儿所综合教育课程中体会到，要注重研究成果的适应性和可操作性……任何幼儿园只要从本园实际出发，从点滴经验和问题着手，结合日常教育教学进行研究，就会发现保教质量和师资水平同时得到提高。

——赵寄石

理论知识只有在实践中才能得到充实、发展和提高。学习幼儿教育，当然应该到幼儿园去……教育科研脱离了实际，就没有生长的土壤。真正的幼儿教育专家来自教养员！

——史慧中

不要以为音乐教育只不过是教几首歌而已，没有多大意思，实际上它的作用可列出长长的清单。要使孩子有良好的发展，有教养，这方面的工作是不可少的。但是，这些良好作用的产生是有一定前提的，那就是在对幼儿进行音乐教育时必须考虑幼儿身心发展的特点以及音乐本身的特点，否则很可能收到相反的效果。

——汪爱丽

爱是感情的江河——像母爱一样执着。爱更是理性的太阳，把温暖、光明送给每一个孩子——它需要你摒弃一切私心杂念。……时代要求幼儿教师由经验型转变为科学型。它意味着，爱，不仅仅是勤勤恳恳的工作和强烈的责任感，而且更需要永不满足的探索精神。

——闵传华

教师应该在幼儿园区角活动中学会观察，学会发现问题，学会追究问题的原因，同时要学会解决问题，保证教师对幼儿发展既不显现干预，又不放弃支持和指导。因此，要落实教与学的真正和谐，必须从观察入手。

——朱静怡

从十位名家的论述、研究中，我突然醒悟，唯有深入一线实践，走进儿童，才能回到原点看教育，这也是我们进行教育研究的初心。在写作过程中，我着实被诸位名家的研究态度与研究精神感动，他们矢志不渝、躬身力行，为学前教育事业带来诸多改变，这可能也是对金石可镂、水滴石穿的最好诠释吧！希望学前教育专业的学生在学习的时候也能受益良多，不仅在研究方法上有所提升，更要在研究态度和精神上受到洗礼。本书共十个单元，每个单元有“名家简介”“研究案例”“研讨思考”“学做研究”“延伸阅读”五个栏目，其中前两个栏目介绍了十位名家的生平和代表性研究案例，“学做研究”栏目选择了与“研究案例”不同时空、不同主题、相同研究方法的内容。这些研究各有所长与所短，希望大家在学习中能汲取精华，又能善于发现其问题。

当前，学前教育事业发展取得显著成效，学前教育事业迎来前所未有的发展机遇。事业蓬勃发展的背后，是幼教文化的薪火相传，是一代代幼教人的默默耕耘与坚守。限于篇幅和资料有限，本书仅选取了十位学前教育领域的名家，非常遗憾的是还有许许多多曾为学前教育事业做出过突出贡献的专家，我们未能一一提及。在此，我们依然要向他们道声：“感谢您，前辈！”

最后，感谢“江苏高校品牌专业建设工程”资助项目对本书的支持；感谢南京师范大学“学前教育研究方法与训练”教学团队对我的帮助，如果没有团队的力量，凭我一己之力绝不可能完成本书；还要感谢高等教育出版社的编辑们对本书提出的专业性建议，他们的辛勤劳动使本书能以更好的品质与读者见面。由于著者水平有限，纰漏之处在所难免，恳请广大读者不吝赐教！

陶　莹

2019年9月28日

目　录

单元一　陈鹤琴　1

单元二　张雪门　11

单元三　张宗麟　21

单元七　史慧中　47

单元八　汪爱丽　55

单元四　方观容　27

单元五　黄人颂　35

单元六　赵寄石　41

单元九　闵传华　61

单元十　朱静怡　69

参考文献　79

单元一　陈鹤琴

名家简介

中国著名教育家陈鹤琴

陈鹤琴，男，生于1892年，浙江上虞县①人，我国杰出的儿童心理学家和教育家，我国儿童心理学、儿童教育学的奠基人。他长期致力于教育科学研究，在儿童心理、家庭教育、幼儿园教育、幼儿师范教育等诸多教育领域的研究都有独特性，并为教育事业的发展做出了卓越贡献。他建立并完善了中国化、科学化的现代儿童教育理论体系，构建了完整的中国儿童教育结构体系，被誉为“中国的福禄贝尔”和“中国幼教之父”。陈鹤琴以自己的长子为实验和研究儿童心理的对象，对其身心发展过程进行了长达808天的观察，并通过文字、摄影记录下来。他于1925年先后完成了《儿童心理之研究》和《家庭教育》两部划时代的教育巨著，为我国现代儿童心理研究和家庭教育奠定了基础。之后，他在鼓楼幼稚园开展了长期的、系统的幼儿园课程实验研究，探索出一套适合我国国情的幼儿园教育之路。1940年陈鹤琴创办了江西实验幼稚师范学校，同时也开始了“活教育”和幼儿师范的实验研究。在躬身探索幼儿教育事业的半个多世纪中，陈鹤琴为后人留下了多达400多万字、形式多样的研究成果。

① 现为上虞区，浙江省绍兴市市辖区。

研究案例

陈鹤琴毕生致力于我国幼儿教育研究，包括儿童心理研究、幼儿园课程研究、家庭教育研究、心理与教育测验研究，以及“活教育”和幼儿师范的实验研究等多个方面。他在研究中非常注重方法的选择和运用，针对不同的研究问题会采用不同的方法。有时为了得到真实、可靠的研究结果，他会先后运用多种方法研究同一个问题，有时也会将两种方法结合起来，做到兼容并蓄。例如，在儿童心理研究中，他将观察法与实验法相结合，并运用多种观察记录方式来反映研究结果；在家庭教育研究中，他将自然观察和情境观察相结合；在幼儿园课程研究中，他采用了实验法和行动研究法。我们从陈鹤琴众多的研究案例中选取了最具代表性、最具影响力的《儿童心理之研究》予以介绍，目的在于让大家体会其中简便易行的生活化研究方式。该研究方式需要研究者有极大的耐心和恒心。

儿童心理之研究

1920年12月26日，陈鹤琴长子陈一鸣出生，陈鹤琴从此将其作为实验和研究儿童心理的对象。这一研究从陈一鸣出生之后第2秒开始，一直持续了808天。在研究过程中，陈鹤琴深入细致、连续地进行观察，运用了不同的研究方法，如观察、调查、实验等。他的观察记录详实、独特，不仅有日记描述记录，也有事件描述记录，还有摄影记录等。他用这些独特的观察记录方法向我们展示了一个儿童发展的细节和特点，他是我国使用“婴儿传记”研究方法记载儿童早期心理发展情况的开创者。陈鹤琴在对长子陈一鸣进行连续观察实验的过程中，用日记描述法和事件描述法相结合的方式，详细地记录了陈一鸣身体、动作、好奇、模仿、游戏、言语、记忆、想象、知识、思维等方面的发展过程，具体内容可阅读《儿童心理之研究》（《陈鹤琴全集》第1卷）。这里我们主要选取记录中有关视觉、听觉、动作、语言、模仿，以及游戏发展的内容，作为日记描述法和事件描述法的经典案例供大家学习。

视觉的发展[①]

第1天

生后21分钟，双眼开了几秒钟工夫。

① 陈鹤琴. 陈鹤琴全集：第1卷［M］. 南京：江苏教育出版社，2008：103-106.

第2天

两眼开了1分钟左右就闭。

第3天

开了很久，醒时两眼能转动。不过睡时我看不出他的眼睛转动。目能闪了，不过我把铅笔慢慢地向他的眼睛移过去，一直移到离目约1厘米之遥，他仍旧不会闪目。晚上我用蜡烛光试验他能否追看灯光，他不能够看灯光。

第4天

眼睛仍旧不能追看灯光。

第5天

能看灯光了，但不能追看。

初生婴儿视力发展表

听觉的发展①

第14天

当他睡眠时我吹指，他微微地开了一眼，并且他的头向发声处一转。我又吹，他又开了一眼。不过我吹第三次，他不再开眼了。这因为此时我的吹声不能惊醒他了。

第19天

当他正要睡熟时，我又吹指，此时我吹指离他的左耳约5尺（约167 cm）之遥，他就大开一眼。如是者再。不过对于第三次吹声，他没有反应。

第27天

当他半醒半睡时，他的祖母稍微说得响一点，他就惊动。是晚当他睡眠时，我一吹指，他就立刻举起双臂，开了两眼，并稍稍举起头来，不过立刻他又闭眼睡了。从此他的听觉一天比一天敏锐了。

动作的发展：手的动作②

第362天

自己翻书：他能够一页一页地翻阅书。

---

① 陈鹤琴. 陈鹤琴全集：第1卷［M］. 南京：江苏教育出版社，2008：109.

② 陈鹤琴. 陈鹤琴全集：第1卷［M］. 南京：江苏教育出版社，2008：122.

第376天

能摇手送别。我出门的时候，总对他上下泛手，同时对他说："再会。"他现在也能够用右手上下泛动表示再会的意思。

第380天

手指精细的动作：现在他能用右手拇食两指拾起牙签。

第388天

烫手擦衣：他用右手触着一个热度不高的手炉，他立刻缩手在他的裤子里摩擦，这种动作是从来没有教过他的。

第406天

拍手的动作：近来他看见一件东西，一定要自己拿。比方看见一个李子在桌上，他就要拿了来吃。这种动作包含"专有"的意思。在这个时候，对于东西的主权，他并不知道有尔我的分别，可以说样样东西（都）是他的。

模仿[①]

第112天

…………

5. 我的试验。

我的小孩第112天时发生笑声的模仿。当他仰卧在床上哭的时候我特意对他笑，他也出声回笑。我停笑他也停笑。我再笑，他也再笑，如是者四。这种模仿，近乎反射性的。我的小孩在94天时就能出声笑，不过当时别人的笑不能引起他的笑来。

第153天

模仿唱歌：今天我先唱起乐调来，他也就唱，虽然他所唱的音只是一个"ǎ"音，然"ǎ"声有高低大小之别，他唱的时候似乎还是有调子。我先唱了一息就停止了，他居然也停止，（之）后我再唱，他也再唱。

第154天

证明模仿歌唱之趋势：今晚洗澡时，他毫不做声。不过他一听我歌唱，他又歌唱起来，后来我停唱，他也就停唱，我再唱，他又再唱。我再停唱，他就也停唱。后

① 陈鹤琴. 陈鹤琴全集：第1卷［M］. 南京：江苏教育出版社，2008：135.

当他哭喊时，我再歌唱，他就转哭为笑。我再停唱，他又停唱，我再唱，他又唱。

游戏[①]

第226天

喜欢在外游玩：他祖母时常抱他下楼到外边玩耍，今天他抱在祖母手里看见楼梯，身子向着楼梯就要下去，他祖母特意转身向房里走，他就哭了；再抱向楼梯他就不哭，后来抱他下楼去，就很开慰了。这里可以说明他：①知道方向，②喜欢到外边玩去，③记得从楼梯可以出去，④意志坚强。

第245天

抛掷东西：今天早晨，他坐在摇床里面，用两手玩弄摇床面前板上的两根4寸（约13 cm）长的小棒与一个小玩物。不久，他用右手不留意似的把它们一件一件地抛在地上，他母亲每次均替他拾起来，仍旧放置板上，过了一歇，他靠着摇床的右边，右手把玩物提到摇床外边垂着，且一件一件地放落地上，他母亲又把它拾起来，他复把它抛掉。在这个时候，他似乎特意这样抛掷作（着）玩的。

言语的发展[②]

第99天

今天他醒时自己“谈说”发出a——长而低的声音，近来快乐的时候常常自己说话。

第101天

同他堂兄玩的时候，他喊叫（着）说：“a——yee。”

第102天

今天早晨他喊着说：“tsa，tsa，tsa。”

第109天

他自己唱出m——pa的声音，就是将来变为pa——pa声音的初步。

第110天

现在他听见人唱，他也要唱；唱的虽不能和成人一样，但也有一种曲调。

---

① 陈鹤琴. 陈鹤琴全集：第1卷［M］. 南京：江苏教育出版社，2008：165.

② 陈鹤琴. 陈鹤琴全集：第1卷［M］. 南京：江苏教育出版社，2008：261.

研讨思考

1. 谈一谈陈鹤琴先生的研究精神和研究态度对你的触动。
2. 对幼儿进行持续的观察和记录，你认为最难的地方在哪里？
3. 利用见习时间，运用多种记录方法，对一名幼儿进行持续观察。

学做研究

观察记录1：柠柠（女，小班）

柠柠刚搭好小床，她对老师说："老师，你看我搭的小床。"

老师："哇，你好棒呀，可是老师想要一个摇篮，你帮老师搭个摇篮给老师的宝宝睡觉好不好？"

柠柠笑了笑说："好。"然后，她走到小柜子旁边，用拇指和中指并用的方法从柜子中拿了两个纸板。走回座位后，她把两个纸板轻轻地立在"小床"旁边，在放稳之后，她对老师说："老师你看，摇篮。"

老师又说："你再帮我搭个沙发吧，我坐在沙发上可以看电视。"

于是，柠柠又走到装积木的小筐子前，左手拿起了一块三棱柱的积木，由于没有抓住，积木掉在了地上。柠柠左手抓着一块积木，蹲了下来，将手上的积木放在掉在地上的积木上，然后一把抓起了两块积木，放回筐子中。接着，柠柠用左手抓了一块积木，右手拇指和食指抓了一块积木，食指和中指夹了一块积木。走回座位后，她搭好了"电视"和"沙发"。由于她不小心碰倒了立在"摇篮"旁的一块纸板，于是之后她花了将近半分钟的时间来扶稳这块板子。

开始收拾玩具了，因为老师说"我只给前十名收拾好的小朋友发贴画"，于是柠柠显得十分着急，还碰掉了几块积木。这时，她钻到桌子下面，先用匍匐的方式，后改用手、膝盖支撑，在桌子下爬了一圈（从桌子下爬出来时还做出了膝盖悬空的爬行动作），捡起掉在地上的积木。然后，她站在桌子前，先用左手抓住两块积木，与刚刚捡起的积木一起放在右手，将三块积木抱在胸前，之后左手又一把抓住两块积木，将五块积木一起抱在胸前，放回了装积木的筐子。之后，她赶忙跑回自己的凳子前，把椅子搬到了教室中间，放下凳子后，由于没站稳，她踉跄了一下才在座位上坐好，然后高高地举起手，并大声说："老师，我是第十名。"

［分析］作为小班的幼儿，柠柠的上下肢肌肉发展比较协调，她既可以做到在桌子下面匍匐爬行，也能做到膝盖悬空爬行，几种爬行方式能够灵活转换并且爬行动作显得流畅自然，这已符合《3—6岁儿童学习与发展指南》（以下简称《指南》）中对4～5岁幼儿的动作发展要求。从手部动作可以看出，柠柠手部小肌肉动作发展良好，但精细动作发展仍不足。她不仅能够运用拇指、食指、中指灵活地抓、取物品，还可以做到右手同时抓住两块积木，并且一块一块地放下，甚至一次运送五块积木，这都是手部小肌肉发展良好的体现。在积木旁立纸板这个动作，花费了她较长的时间，这是精细动作发展不成熟的体现。根据整个观察内容，柠柠的动作发展符合自上而下、先泛化后集中、从不协调到协调的学前儿童动作发展的规律。

观察记录2：沙沙（女，小班）

课间操音乐响起，沙沙模仿老师伸出双手，但她双手不能完全伸直。她跟着老师的动作一起左右扭腰、拍手，在这个过程中她的手不停地张握。老师紧接着说："开始找朋友啦。"沙沙又朝左走向另一个女孩，两个女孩相对着开始分合跳，沙沙能双脚连续离地，但双腿不能进行分开合并式的连续转换，只能一直分开着跳。跳完后，老师换了一首音乐，并边平举双手边说："平举双手，转个圈儿。"沙沙步伐稳当地转完一圈儿后停住。"来，蹲下。"沙沙动作变得缓慢，左右晃着。"好，站起来。"她按照老师的动作要求没有用手撑地，站起来后脚向后退了一步才站稳。

沙沙握勺子是一把抓的姿势，吃饭时手腕和小手臂一起运动将饭菜送进嘴里，桌面会洒上不少饭粒。

观察记录3：月月（女，中班）

在建筑区，月月从地上的一堆鞋套里挑出两个。她先把其中一个放在泡沫板上，另一个拿在手里。她坐在泡沫板上，弯曲右腿，双手撑开鞋套两侧，套向右脚前脚掌，鞋套包住前脚掌后，月月两手松开，用左手的拇指、食指、中指揪住鞋套的后端，沿着鞋面往脚后跟处扯，让鞋套的边裹住鞋跟，再用两只手把旁边和后面的鞋套往上拉，直到拉不动为止。穿完后，月月把右腿伸直，勾起左脚，两只手撑开另一只鞋套的两侧，这次她的动作不如右侧流畅，鞋套斜着套进左脚前脚掌，然后她像拽右侧鞋套一样，拉后端，却发现长度不够，拉不上鞋跟，于是脱下鞋套重新穿，又试了两次才成功。

月月握勺子的姿势标准，拇指搭在食指上，两指能夹住勺柄，其余三指托住勺子下方；用筷子夹菜时手腕转动灵活。

观察记录4：小红（女，大班）

小红拿着自己刚脱下的衣服小跑到床边，将衣服正面摊平放在床上，然后她拿起两边的袖子，先是左手将右侧袖子水平折叠，然后右手以同样的方式将左侧袖子折叠并盖在右侧袖子上。之后，小红两只手把衣服领子提起，使之与衣摆重合。叠完后，小红两手抓着两边转身向衣柜走去，边走边把叠好的衣服又左右对称地折了一次，然后她用左手拿着衣服，把它放在柜子的相应位置。小红拿筷子的姿势和握勺子的姿势相同，拇指搭在食指上，食指抵着筷子侧面，其余三指托住筷子下方。吃饭时，手指配合不灵活，仍用手腕的力量，将饭菜“划”进嘴里。

［分析］从观察记录2、3、4中可以看出，小班幼儿由于神经系统发育尚不完全，大脑皮层兴奋易泛化，运动神经支配肌肉的运动能力较弱，所以腿部肌肉缺乏力量，协调性不足。他们手部的细小肌肉发育较差，不会配合完成精细动作，所以吃饭时较多运用大肌肉群。而中班幼儿经过一年的生长发育和练习，小肌肉发育明显好于小班幼儿，不仅可以依靠手部力量熟练夹菜，而且手的小肌肉还能和大肌肉相互配合，独立完成日常活动。但中班幼儿的手部动作灵活程度不及大班幼儿。大班幼儿的大肌肉发育良好，他们也可以完成大部分小肌肉动作。但是多数幼儿握筷子的姿势都是错误的，且仍习惯使用手腕力量，而不能较好地五指协调工作。

观察记录5：茜茜（女，大班）

观察时间：2015年11月25日—2015年12月16日，晨间锻炼时段（以下是节选）

11月25日，老师组织大家拿上各自的跳绳去活动室外的走廊上跳绳。茜茜的绳子过长，她拉拉老师的衣角，老师回过头后，她没有说什么，只是把自己的跳绳举给她看。老师看了她一眼，很快明白了她的意思，接过跳绳帮她处理。处理好后，西西拿着跳绳到一旁自己练习。她跳得很高，腿弯的角度很大，很用力，落脚很重，发出很大的响声，一次大概能跳七八个。旁边有个小女孩G对她说“你不应该这么跳的”，并给她示范自己跳的方式。西西皱着眉头说：“我不会呀。”然后继续用自己的方式跳。在老师要求把跳绳收起来时，西西很快就停下来并收起跳绳，跟在其他孩子后面回活动室。

12月2日，西西到了活动场地之后才把自己的跳绳解开，然后自己找地方跳了起来，这次她一次已经能够跳10个了。也许是裤腰有点松，她跳了几下就开始提裤子。当女孩B对她说“我可以单脚跳绳”时，她立马说“我哥哥也会”，并把自己的哥哥叫过来，让他给女孩B示范。西西跳了一会儿，便丢下跳绳，把衣服解开，走到亭子下面看其他人跳。之后和别人换了一根跳绳后又开始跳，接着又跟别人换了一根跳绳，最终她还是换回自己的跳绳。然后，她要和其他的小朋友比赛，让哥哥给自己计时，比赛开始时她跳得很快也很好，有13个，但见没有人理她就又停下了，站着看其他人跳。西西和另外一个小朋友换了跳绳后又跳了几个。然后她换回自己的跳绳并卷好，放回自己班的跳绳箱子里。

12月9日，西西在活动室插牌，此时晨间锻炼活动已经开始，在保育员的提醒下，她立马拿着自己的跳绳跑向活动场地。老师见她跳绳时整个手臂在转动，便教她“用手腕转动”，并示范给她看，让她再跳一遍，这一次西西有所改进，西西手臂摆动的幅度小了一点，但还是没有领悟手腕转动的意思。跳了一会儿后，她便坐在旁边休息。看到老师教女孩A跳花式跳绳，她便也喊上哥哥一起向后跳，跳了一会儿后又坐在旁边休息，和男孩B聊天，然后又站起来和不同的人换绳跳，跳了一会儿后又换回自己的跳绳，坐在一旁往大一、大二、大三班处看。小女孩C走过来邀请她，让她和自己用一根绳子跳，并跳给老师看，老师让她们先把单人跳绳练好。

12月16日，西西到达活动场地，先笑着跟老师打招呼，然后便坐在一旁的弹跳球上，看其他小朋友玩跳绳。过了一会儿她才拿出自己的跳绳开始跳，跳跳停停，之后便把跳绳丢在地上，双手插袋，坐在弹跳球上，上下跳动，和附近的小朋友说话。

［分析］整体而言，西西有良好的身体、愉快的情绪、强健的体质，但动作

协调性有待提高。从动作发展来看，能达到《指南》要求的5～6岁儿童能连续跳绳的要求。从数量上看，茜茜最开始跳绳只能跳七八个，后来能跳13个，最后可以花式跳绳，说明在跳绳上肢体动作有进步。但是在跳绳活动中，我们并不应只关注数量要求，还要看动作的质量。在12月9日的活动中，老师发现她的关键动作——手腕转动并不到位，对其进行了指导。随后她的动作虽然有所改进，但是灵活性仍有待提高。到12月16日，跳绳活动已持续一个月，如果只是单纯的跳绳活动会让儿童失去兴趣，比如在活动中，茜茜跳跳停停、玩弹跳球，说明她对跳绳活动已经产生倦怠情绪。在日后的教学活动设计中，教师应随活动的逐步开展，变换活动花样，以保持儿童活动的积极性，从而连续、有效地提高其动作发展水平。

以上观察记录分别由南京师范大学学前教育系2015级和2016级本科生提供。

延伸阅读

1. 陈鹤琴．陈鹤琴全集：第1卷［M］．南京：江苏教育出版社，2008．请重点阅读《儿童心理之研究》。

2. 陈鹤琴．怎样做幼稚园教师［M］．上海：华东师范大学出版社，2013．请重点阅读第一章和第二章。

3. 虞永平．陈鹤琴的科学精神［J］．今日教育（幼教金刊），2018（1）：4-6.

单元二　张雪门

名家简介

张雪门，男，生于1891年，浙江鄞县[①]人，我国著名的幼儿教育专家。早在1917年，张雪门就在家乡宁波开始幼儿教育工作，创办了星荫幼稚园，后又到北京大学研究幼儿教育。1928年在孔德幼稚师范学院主持教务工作，并创办艺文幼稚园。1929年任香山慈幼院附属北平幼稚师范学校校长。在20世纪30年代，张雪门就与我国的另一位著名学前教育专家陈鹤琴有“南陈北张”之称。1946年张雪门任台北市北投区儿童保育院院长，晚年从事幼儿教育的著述工作。张雪门一生潜心研究幼儿教育，针对当时幼儿园以教材为中心的状况，提倡幼儿教育生活化、幼儿生活教育化。特别是他经过长期的实践和理论研究，在借鉴杜威的进步主义教育理论、中国传统的知行合一学说的基础上，形成了完整的幼稚园行为课程。他的著作在时间上跨越半个多世纪，在地域上遍及海峡两岸和东南亚，留下了幼儿教育专著及论文达200多万字，这些著作主要包括：《幼稚园的研究》《幼稚园课程编制》《课程组织法》《幼稚园教育概论》《幼稚园教材研究》《幼稚教育新论》《中国幼稚园课程研究》《幼稚园行为课程》等。这些著作都是他实践经验和理论研究的总

① 现为鄞州区，浙江省宁波市市辖区。

结，是他毕生心血的结晶，为我国幼儿教育事业留下了极为宝贵的遗产。这些著作被收入由戴自俺主编、北京少年儿童出版社于1994年出版的《张雪门幼儿教育文集》中。

研究案例

从1911年开始，张雪门随江苏教育团，循着沪杭甬路线，走访了北京、天津、苏州、上海、杭州等地的三十余所幼儿园，对中国当时的幼儿园情况进行了实地调查。沿途他发现许多幼儿园都面临幼儿识字这一难题，在这些幼儿园中有教识字的，也有不教识字的，张雪门认为幼儿识字材料和教授方法必须提出来让大家研究。

幼儿园识字教学研究

为了解幼儿园识字教学的现状，张雪门首先访谈了不教识字的幼儿园教师，以了解他们为什么不教识字。这些教师认为：第一，幼儿对学习文字似乎没有多大兴趣，而且识字教学存在一定的难度；第二，当时幼儿园的课程均从国外翻译而来，尚没有本土的幼儿识字教学材料；第三，小学一年级语文都是从最简单的文字开始教的，幼儿识字可能会浪费其时间和精力。

接下来，他又访谈了许多开设了识字课程的幼儿园教师为什么要教识字，他们给出的理由是教幼儿识字符合幼儿家长的需求，能够引起家长对幼儿园的信任。另外，家长希望能识字的幼儿将来直接进入小学二年级或三年级，即使是不能跳级的幼儿，也比不识字的幼儿更具有优势。张雪门还调查了幼儿园教师所用的材料和方法，他发现“有因临时和偶发事项联想，随意写几个字给幼稚生去认的；有和别科联络，自编教材的；有自编字卡，教幼稚生去认的；有用小学现成教科书的”[①]。

从访谈和调查的结果来看，张雪门认为教师的理由是主观的、被动的、缺乏事实依据的：幼儿园教师所持的理由和所使用的方法并没有从幼儿出发，教师也没有在4～6岁儿童的心理上下过功夫，他们并不了解幼儿心理发展的规律。在调查的过程中，张雪门曾经记录过一所幼儿园使用教材的情况。有的幼儿园小班第一天所学的

① 戴自俺.张雪门幼儿教育文集：上卷［M］.北京：北京少年儿童出版社，1994：44.

文字是“花园”两个字，有的幼儿园小班第一天所学的文字是“小宝宝”三个字。这引发了张雪门的思考，“花园”两个字比“小宝宝”三个字是更容易还是更困难呢？是有用还是用处不大呢？在张雪门的笔记中还有一段摘录：有一所幼儿园按照幼儿的年龄段分三级来讲授文字，低年级的教学材料是“黄的花”，中年级的是“可爱的菊花”，高年级的是“我要那一朵黄菊花”，并且在同一天分别教学。张雪门开始思考就这些字而言，中年级的教材是否较难于低年级而较易于高年级？如果是，长的字句是否一定比较难？“黄菊花”三个字是否一定比“菊花”难？“菊花”是否比“花”难？而“可爱的”三个字是否一定比“那一朵”容易呢？①

从各地调查和走访后，张雪门认为幼儿园识字教学的研究需要围绕以下问题展开：（1）4～6岁的幼儿是否需要识字教学和能否进行识字学习？如果他们需要并且他们能够学，那么应该从哪个年龄段开始？（2）应该去哪里搜集幼儿需要学习的文字，如何整理这些文字？（3）应该如何教？

带着这些问题，张雪门开始细心观察在院子墙壁上涂鸦的幼儿。张雪门认为：“我们只要留心去看，几乎到处可以发现未入学的儿童，已经感到了自己心里情意，不是仅仅乎凭着言语发泄了便得，更要进展一步，想把这些情意留下来；同时更要谅解他人所留下来的情意。所以我敢说幼稚生对于文字教学，的确是需要的。有人以为小孩子涂壁，只可证明他们对于画画的需要和可能，而不能归纳他们就有了读书写字的需求和能力。然而中国上古文字，本属象形，字画是没有多大区别，而同为宣达情意的工具……所以我们可以进一步说，幼稚生更宜于教学象形文字，而不能说他们没有读书写字的需求。”②

对于“应该去哪里搜集幼儿需要学习的文字，如何整理这些文字？”，张雪门提出教师和家长应当为幼儿准备“录话纸”③，把幼儿在平时生活中的谈话逐字逐句记录下来，每天大约记录每名幼儿十句话，每十天整理一次，为期一年。一年以后，成人将录话纸收集起来并进行集中整理。另外，张雪门特别强调录话纸上要写明幼儿的性别、年龄、家庭地址、父母职业，以及谈话日期。教师和家长在记录过程中要采用默记的方式，避免让幼儿知道。在记录过程中不需要列举幼儿的口吻或者个别幼儿特有的口音，而应列举与普通话相符合的音。如果幼儿在某几个字的发音上有较浓厚的方言，

---

① 戴自俺.张雪门幼儿教育文集：上卷［M］.北京：北京少年儿童出版社，1994：44.
② 戴自俺.张雪门幼儿教育文集：上卷［M］.北京：北京少年儿童出版社，1994：45-46.
③ 戴自俺.张雪门幼儿教育文集：上卷［M］.北京：北京少年儿童出版社，1994：47.

教师和家长要注意记录这些音，日后在与幼儿的交流中要及时纠正。张雪门认为，教师和家长可以从录话纸中统计出幼儿最常用的字，而这些字恰恰就是幼儿最需要认识的字。他还特别提醒教师和家长，在整理录话纸时要明确标记哪些字绝大部分幼儿都使用，哪些字只有一部分或者极少数幼儿使用；哪些字是男孩常用的，哪些字是女孩常用的；哪些字在哪一个年龄段首次出现，到哪个年龄段出现次数增多；哪些字幼儿因家庭环境、父母职业关系用得较多；等等。在整理完成之后，教师再把幼儿常用的字排成字单，分发给各年龄段幼儿去认，并根据幼儿所认文字，编制各年龄段幼儿所认词汇。

研讨思考

1. 在见习或实习过程中，细心观察在纸上涂鸦的幼儿，尝试了解幼儿想表达的内容。

2. 如果你也对幼儿的读写萌发感兴趣，你会用什么方法开展研究呢？

学做研究

中班幼儿读写萌发观察记录

本观察记录（表2-1）由南京市梅花庄幼儿园吴利民老师提供。

表2-1　中班幼儿读写萌发观察记录

幼儿的画	幼儿的话
	这是我写给熊猫的明信片，我想对熊猫说：“我请你吃好吃的蓝莓饼干。”

续表

幼儿的画	幼儿的话
	我和小熊猫在一起很开心
	我和小熊猫去公园玩
	我和小熊猫看见了冰激凌店，然后我们要去里面吃冰激凌

续表

幼儿的画	幼儿的话
	我们吃了冰激凌之后又去吃蛋糕
	我和雪人一起玩，天很冷，可是我们玩得很开心
	这是我的伞。我的伞上有大鲨鱼，其他小朋友（的伞上）都没有（这个图案）。还有，我的伞是蓝色的，是大海（的颜色）

续表

幼儿的画	幼儿的话
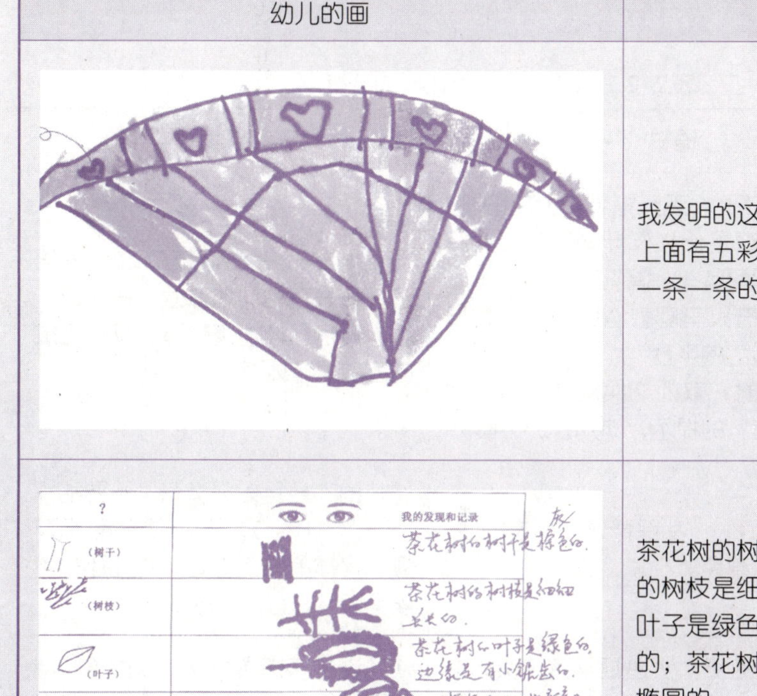	我发明的这个是滑翔伞。我的伞上面有五彩缤纷的灯，可以放出一条一条的光，像彩虹一样
	茶花树的树干是棕色的；茶花树的树枝是细细长长的；茶花树的叶子是绿色的，边缘是有小锯齿的；茶花树的花瓣是一半圆一半椭圆的
	皮影戏原来是有乐器（伴奏）的啊！表演的时候里面会有很多漂亮的场景

表2-2所示的幼儿语料及对语料的分析由南京师范大学学前教育系2016级本科生提供。

表2-2　幼儿语料及对语料的分析

类别	语料	分析
语音	1. 在看图画书时，天天指着书上的图画，说："快看，这是什么僵尸啊？"接着给游戏里的僵尸配音——呜呜呜…… 2. 在孩子们搭火车回教室时，叮当会发出"噗嗤噗嗤"的声音 3. 在做早操时，教师切换歌曲，音响会发出"下一首"的提示，幼儿会进行模仿	儿童不是在被动地模仿成人的语音，而是在主动地探索，在对语音输入进行各种加工处理，从而形成自己的语音体系
词义	"如果没有乱踩……乱踩草坪的标志的话，人们就会乱踩草坪。"	幼儿的本意是如果没有"不要乱踩草坪"的标志，人们就会乱踩草坪。这样的双重否定句幼儿还是不能理解并进行正确的表达
	"刚刚方方讲的那个快递雨伞……快递盒子上面不是有一个雨伞的（标志）吗？那个雨伞万一人家不知道这个，能不能淋雨，万一淋了雨了，超市买的东西就彻底没用了。"	幼儿说的"快递雨伞"从词语的结构上来看，可以看作电报句。从后面的表达中可以看出，幼儿还是能够说出具体意思的：快递盒子上的雨伞
句法	在大班的集体教学中，教师问小朋友们：生活中有哪些标志？有什么作用？ "如果没有标志的话，车会乱停，这样警察就会到处跑，警车也会没油的；要是有标志的话，就会比较正规；要是没有标志的话，车会乱停的，那样子是不好的，要按交通警示的标志来做。" "如果没有……如果，如果没有那个禁止鸣笛的话，城市就会很吵很吵。" "如果没有那些交通标志的话，那么车子就会相互碰撞在一起。"	幼儿使用了因果复句，且连续使用三个因果"没有标志→车乱停→警察到处跑→警车没油了"，但缺少连词，仅有几个单句并列组成。幼儿能够正确使用"如果……""要是……"等说明假设、条件关系的连词。 从大班小朋友所说的话中，可以看出他们的话具有一定的逻辑顺序；"如果没有……就会……"的句式，是符合幼儿句子发展规律的（3岁左右，幼儿开始使用较少的连词，5～6岁的幼儿能使用说明因果、转折、条件、假设关系的连词，有时也能使用成对连词）

延伸阅读

1. 戴自俺.张雪门幼儿教育文集：上卷［M］.北京：北京少年儿童出版社，1994.请重点阅读《幼稚园文字教学之研究》。

2. 胡审严．张雪门与近代中国的幼儿教育［J］. 浙江万里学院学报,2001（14）：92–95.

3. 石晓波．我读张雪门的《幼稚园教育概论》［J］．早期教育（教师版），2007（7）：14–15.

单元三　张宗麟

名家简介

张宗麟，男，生于1899年，浙江绍兴人，我国著名幼儿教育家。1925年夏，他从南京高等师范学校教育科毕业后开始追随并协助陈鹤琴创办鼓楼幼稚园，成为我国幼儿教育史上第一位男性幼儿园教师。他一面教学，一面探索适合中国国情的幼儿教育。同年10月，张宗麟在沪宁、沪杭铁路沿线各大城市做了诸多有关幼儿教育的调查，并在陈鹤琴的指导下，以研究员和指导员的身份，做了许多教育研究，这些研究成果发表在《中华教育界》《幼稚教育》《儿童教育》《教育杂志》等刊物上。1926年冬，他根据已有的调查资料和在鼓楼幼稚园研究工作的成功经验编写了《幼稚教育概论》一书。在为发展中国幼儿教育事业奋斗长达半个多世纪的过程中，他写下的幼儿教育论著达60余万字，其教育思想对我国幼儿教育界产生了广泛而积极的影响，对我国现代幼儿教育事业的发展做出了重要的贡献。《张宗麟幼儿教育论集》由其女儿张沪整理成书，并于1985年由湖南教育出版社出版。

研究案例

1927年2月，张宗麟撰写了《幼稚生生活状况的实例和讨论》一文。他写这篇文章的目的是将最简便、最实用的方法——观察法介绍给幼儿园教师，并希望教师读完文章以后能马上付诸行动。张宗麟认为幼儿园教师在实际工作中很难进行精确的心理研究，所以当教师在日常教育教学活动中感觉到儿童心理或其他科学不能满足教育的需要时，可以凭借平日的经验来解决问题，而这些经验都是从实地观察中得来的。张宗麟指出，观察法实施起来也很简单，只需纸夹或纸盒一个，纸片多张，随身携带一支笔，随时将所见记录下来，形成资料。张宗麟强调，观察最需要教师“勤于记录，持之以恒，并且肯随时随事留心和思考”[①]。

幼稚生生活状况的实例和讨论

以下两则幼儿生活状况实例来自张宗麟对班级中幼儿细致入微的观察和记录，观察的主题分别是幼儿的哭和思考。

哭

第一天进幼稚园的儿童有种种不同的样子：有的看到玩具，就撒开母亲的手去玩；有的依偎于母亲的膝下，看到母亲去了也不哭；有的看到母亲去了，就放声大哭。有几个儿童竟会哭达一星期之久。每天送来必哭，数分钟后不哭，明天来，又是如此。

某儿是一个很好的孩子，不过要哭，父母也钟爱他，每天不是母亲来陪，就是父亲来陪。某儿做事的时候，频频回顾，看父亲或母亲走了没有。这样有两个星期，他的父母以为不会发生问题了，哪里知道（某儿）回头一看他的母亲不在，就抛了手里的东西直向大门外追出去。她（母亲）于是再回来。但是我们以为这是不应该的，于是对她说明理由，明天叫用人送来，用人送来就回去。他当然也哭，哭了好几天，后来终究好了，并且是一个很好的孩子。

韩澜第一天进园是姊姊陪来的，玩了一个上午。第二天用人送来，走进屋子，和教师们请早安都很好。我们恰恰因为讨论事情，没有和他去玩，他走进（教室）里面去，站了一忽儿，又走到院子里去，忽然呜咽起来，继之就放声大哭，虽经多方设法，全归无效。他接连哭了三天，家里就不送他来了。

又有一对小姊妹，平时在园很好，每见母亲来园就要哭，非（要）母亲一只手抱一个回去不可。至于因身体不舒服而哭，因争夺……而哭，那是愈加多了。总

① 张宗麟.张宗麟幼儿教育论集［M］.长沙：湖南教育出版社，1985：480.

之，幼稚园里的哭声很难免的。[①]

儿童的思考

一天大家围着唱歌，敏才忽然不小心，用脚踏着和安的手，和安动也不动；敏才用脚踏自己的手，立刻皱眉，于是再看看和安。这天是一鸣值日，当一切东西收拾停当后，（他）忽然看到小朋友的手巾有些不干净了，于是对安琪儿说："我们去洗去，好吗？"安琪儿回答道："手巾是你家的女佣替我们洗的，每星期一次。""我家的女用人洗得不好，我们换一处去洗好吗？"一鸣很神气地问着。"到什么地方去呢？"安琪儿反问。这时候旁边站着的卓如很活泼地说道："我家的衣服，有时候（是）送到洗衣公司里去的，我们也不妨把手巾送到洗衣公司里去吧！"一鸣、安琪儿齐声称（道）："好！好！"于是三个人分拿二十几条毛巾到洗衣公司里去了。我在邻室里听到他们的讨论，又从窗子里看到他们神气活现地送手巾去。他们回来之后，非常快活，拿着公司的收条来报告。

哈哈！不满六岁的儿童，也有试验的、推论的精神，我们幼稚（园）教师不必替儿童多担忧，凡事要去帮助他们了。

在90多年前的幼儿园里，作为幼儿园教师的张宗麟没有我们如今常用的数码相机、摄影机、录音笔等先进的设备，他仅仅靠随身携带的一叠纸片和一支钢笔，就能随时随地留心和观察幼儿，通过"在邻室里听""从窗子里看"，仿佛不想让幼儿察觉他在观察他们，可又生怕漏掉了任何细节。从以上两则幼儿生活状况实例中，我们看到张宗麟对幼儿的语言、动作、神态观察得细致入微，并用平实、客观而又不失生动的语言进行记录。在张宗麟的观察记录中，你能读出他的思考和感慨。

研讨思考

1. 你如何理解张宗麟所说的：观察最需要教师"勤于记录，持之以恒，并且肯随时随事留心和思考"？

2. 在见习时放一个小日记本在口袋里，尝试随时随地观察和记录幼儿的行为表现。

---

① 张宗麟.张宗麟幼儿教育论集［M］.长沙：湖南教育出版社，1985：485.

学做研究

观察记录1：米多（女，小班）

在走“独木桥”的活动中，米多比其他小朋友明显要熟练一些。米多两手自然地在身体两侧下垂，速度稍快地走在长板凳上。下了长板凳后，米多就转身和后面的小朋友说说笑笑，接着又踏上了另一条长板凳。走完了两条板凳，米多转身和其他小朋友嬉戏，在小范围内跑动起来了。

该做操了，米多跟着老师的动作，两只脚交替抬起，放下，伴随着转圈。当两只胳膊侧平举时，米多肘关节弯曲，但胳膊没有举到水平位。

［反思］米多能平稳且比其他小朋友更快地走过低矮且窄的物体，已经达到了《指南》中能快跑的要求，但米多现在还不能规范做出侧平举这类动作。

观察记录2：禾木（女，中班）

禾木用大剪刀剪下大小比一颗西瓜子小一点点的双面胶，将双面胶粘了一半在手指上，另一半贴在西瓜子上，然后禾木从双面胶上抽下手指，将另外一部分和西瓜子贴合。禾木用食指肚在双面胶上摩擦了几下，然后用指尖抠双面胶的一端，把双面胶表面的白色的一层撕下来，将西瓜子挨着纸上已贴好西瓜子的后面贴好，作为蚂蚁身子的一部分。

老师：“不要用剪刀剪哦。”

禾木：“可是老师，那怎么弄双面胶呀？”

老师：“自己想办法，不能用剪刀哦。”

禾木愣在原地，眼睛看看手里的双面胶，又看看周围其他小朋友，又看向老师，小声地说道：“老师，我不会……老师你能帮我弄一下这个双面胶吗？”但老师并没有听见。禾木转过身子，面对着桌子，看看双面胶，又看看周围其他小朋友，和对面的女孩桃桃说道：“你帮我撕一下这个双面胶。”

桃桃：“你自己撕呀！”

禾木微微嘟了嘟嘴：“我不会撕，我撕不掉！你帮我撕一下。”

桃桃继续做着自己手里的事情，过了一会儿，她拿过双面胶，帮禾木撕了一段。禾木看着桃桃的动作。禾木继续贴着西瓜子，又得撕双面胶了，她继续向老师和桃桃求助，但均未果。于是禾木右手大拇指和食指捏住双面胶的一端，左手大拇指和食指捏住另一端的不远处，先顺着双面胶长的方向使劲扯，没有扯断，然后禾木又沿着双面胶宽的方向扯，双面胶像柳枝一样，被扯变形了，只有一点点不干脆的小开口。这个过程中，禾木的手指也挪动了位置，双面胶从食指肚，移到了食指指关节。禾木开始沿着垂直于双面胶宽的方向撕扯，猛地一下子，禾木扯下了一段断口有点变形的双面胶。

［反思］禾木能够用指尖揭下双面胶表面的白色纸，能够将西瓜子贴好，达到了《学前儿童观察评价系统》（Child Observation Record，简称COR）中小肌肉发展级别4——幼儿能够灵活地操作小物体。但禾木不会自己撕断双面胶，这时她选择了向小朋友和老师求助，并没有试图自己想办法解决。直到寻求不到帮助时，禾木才自己尝试撕断双面胶。她先后尝试了三种方法，不断调整撕扯的方向，才撕了下来，在整个过程中，禾木用两只手指捏住双面胶，整个手臂用力撕扯，双面胶被撕扯变形得很厉害，可以看出，禾木的大肌肉有一定的力量。

观察记录3：乐乐（女，大班）

小朋友们排好队，跟着老师下楼去户外活动。刚一出教学楼，孩子们就散开了，乐乐和小伙伴们四处跑着玩。一会儿，他们双脚并拢，连续地向前跳了两次，接着双脚交替着向前一蹦一跳的，两只胳膊在身体两侧大幅度地摆动着。教师组织大家开始玩游戏，小朋友们手拉手，围成了一个大圆圈，乐乐开心地笑着，和旁边的小朋友讲着话。

游戏开始了，一个小朋友在“切西瓜”：“切切，切西瓜，我把西瓜分两半！”两个孩子向两边跑去。就这样，游戏进行了一轮又一轮，乐乐和另一个小朋友的手被“切”开了，乐乐快速地朝一个方向跑去，在跑的过程中，眼看两个人就要迎面撞上了，乐乐朝旁边闪了一下，顺利地避开，然后继续快速向前跑去，回到了原位。

［反思］乐乐能双脚并拢，连续地向前跳动，也可以两只脚交替跑跳，达到了COR动作发展中大肌肉运动的级别3——幼儿能够适度控制自己的小肌肉运动。另外，乐乐能根据运动物体的速度调整自己的动作速度，达到了COR动作发展大肌肉动作中的级别6——幼儿能够根据一个运动的物体的方向或速度调整

自己的动作。与此同时，乐乐能快跑25米以上，能闪避可能撞到自己的人，达到了《指南》对5～6岁儿童动作发展的要求。

以上观察记录和反思均由南京师范大学学前教育系2016级本科生提供。

单独看不同年龄阶段的幼儿时，我们发现即使是同一年龄阶段的不同幼儿也会存在个体差异，而不同年龄阶段的不同幼儿的差异更为明显。从整体上看来，学前儿童的肌肉发展顺序是大肌肉先于小肌肉的，即“学前儿童卫生学”和“儿童发展心理学”中提到的“先近端后远端”的发展规律，随着年龄的增长，肌肉各方面都在循序渐进地发展。

《指南》不仅对幼儿小肌肉的灵活性、大肌肉的平衡能力有要求，而且对大肌肉的力量和耐力也是有要求的，这一点在见习过程中常常被忽略，通过横向对比来看，随着年龄的增长，幼儿肌肉的力量和耐力也在不断地增强。观察记录3描述的整个活动过程中，也有其他小朋友在跑，大部分小朋友仍不能灵活地避开迎面跑来的小朋友，有时候两个人直接正对着撞上去，有的幼儿被撞到半个身子或是一边胳膊，还有的幼儿要绕一大段路程来避开迎面而来的小朋友，只有少数几个小朋友能达到在相撞之前微调自己的奔跑速度和方向，达到恰好避开而不相撞的程度，日后教师还是很有必要让幼儿多多加强这方面的练习的。

延伸阅读

1. 张宗麟. 张宗麟幼儿教育论集［M］. 长沙：湖南教育出版社，1985. 请重点阅读《幼稚生生活状况的实例和讨论》.

2. 张沪. 教育家张宗麟的坎坷一生［J］. 炎黄春秋，2001（6）：48-54.

3. 王磊. 我读张宗麟的《幼稚教育概论》［J］. 早期教育（教师版），2007（12）：12-13.

单元四　方观容

名家简介

中国幼教名家方观容

方观容，女，生于1914年，浙江定海县[①]人，南京师范大学教育科学学院学前教育系教授，我国学前儿童数学教育的奠基人。方观容教授早年毕业于上海吴乐大学社会教育系，1946年留学美国，就读于美国华盛顿天主教大学（也译为凯斯西储大学）社会服务研究所儿童福利系，毕业后在美国勃拉夫儿童教养院从事儿童福利和个案研究工作。1949 年回国后，她先后在上海、苏州等地的高校任教。1952年秋，方观容到南京师范学院幼儿教育系任教，并兼任南京师范学院附属五台山幼儿园（现南京师范大学附属幼儿园）首任园长。通过多年教学实践和研究，方观容教授深感数学教育对儿童发展具有重要影响和价值，她独创性地将幼儿园的计算教学法从“学前教育学”这个学科中独立出来，在高校中第一个开设独立的幼儿园计算教学法。20世纪80年代，年近70岁的方观容教授收集并翻译了《游戏治疗》《怎样教幼儿学数》等著作，率先把西方的先进研究成果引入国内学前教育领域。

① 现为定海区，浙江省舟山市市辖区。

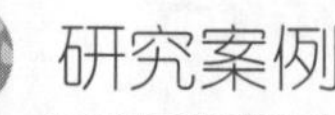

研究案例

如何教幼儿计数，使幼儿形成数的概念，对于这个问题，20世纪六七十年代我国学前儿童数学教育领域鲜有理论上的探讨。方观容教授认为幼儿形成数概念的前提条件是必须掌握10以内邻数并保持数的守恒，才能明确自然数序的体系并理解数的实际意义。为了证实幼儿掌握数概念不像大家所想的那么简单，方观容教授在南京的9个幼儿园开展了观察和研究。

幼儿数概念形成的研究

根据对1949年以来幼儿园计算教学内容和教学情况的调查，方观容教授发现，由于数概念比日常生活中的一般概念更加抽象，教师教和学生学时都感觉比较困难，而且幼儿园总有少数幼儿不能达到教学大纲的要求，这为其今后的数学学习埋下隐患。为了促进幼儿形成数概念，方观容教授首先认真整理和分析了国外关于幼儿数概念形成的论述，如：皮亚杰有关儿童数理逻辑性质的论述、儿童获得数和数学概念的过程，日本学者斋贺久敬有关儿童数概念发展的论述，苏联列乌申娜论述的儿童数概念的发展规律。在此基础上，方观容教授结合我国幼儿园计算教学的情况以及幼儿的年龄特征，拟订了幼儿园各班计算教学的大纲和内容。

方观容教授和她的团队于1960—1966年和1973—1979年两次在南京师范大学附属小学实验幼儿园和成贤街小学附属幼儿园进行计算教学研究，将拟订的教学大纲与教学法在这两所幼儿园的各年龄班进行教学试验。为了检测教学大纲以及教学法的效果，方观容教授还选择了另外7所幼儿园作为对照园。

1978年夏，方观容教授和她的团队对以上9所幼儿园大班幼儿进行了10以内加减法的测验，结果显示南京师范大学附属小学幼儿园和成贤街小学附属幼儿园的成绩最好，两园共71名幼儿，总平均分为96分，平均24分钟算完20道题。其他7所幼儿园共有198名幼儿，总平均分84分，平均28分钟算完20道题。两所试验园比其他7所幼儿园的平均分高出12分，幼儿完成20道题共少用4分钟。研究结果表明，教师只有在小班和中班按照数概念发展规律进行教学，循序渐进，才能促进幼儿数概念的形成。

为了研究幼儿形成数概念的指标与成熟期，方观容教授和她的团队在4所幼儿园进行测验，参与测验的儿童共计116名。测验采用儿童访谈的方法，考查幼儿能否说出9的邻数及其推理的依据。测验结果显示110名儿童基本掌握邻数的，占94.8%；只有6人成绩不及格，占5.2%。测验成绩最优秀的儿童能够说出正反两个方面的关系：如9的邻数是8和10，因为9比8多1，8比9少1，9比10少1，10比9多1。测验成绩优良的幼儿能够说出9的邻数是8和10，因为9比8多1，9比10少1。少数幼儿虽然知道9的邻数是8和10，但在回答为什么时，概念不清楚。测验结果说明大多数幼儿在5岁左右已经能够运用抽象思维进行分析、综合、概括了。

与此同时，方观容教授和她的团队对这116名幼儿进行了数的守恒测验。测验的工具是16块积木，测试者先将8块积木摆成一排，幼儿说出积木的数量。然后测试者要求幼儿在第一排积木下面再摆放8块积木，幼儿都能够一一对应。接下来，测验者将幼儿摆放的8块积木分散摆开，再让幼儿回答哪一排的积木数量多以及推理的依据。测验结果显示116名幼儿中有86名幼儿能保持数的守恒，约占74%，这些幼儿能够回答上下两排积木一样多，因为都是8块，8和8一样多。还有一些幼儿回答虽然下面那一排的间距大，但还是8块。

在两项测验结果中，有76名幼儿邻数测验和守恒测验的答案全部正确，占66%。有的幼儿邻数测验答对而守恒测验答错，有的幼儿情况刚好相反。测验结果说明有的幼儿掌握了邻数，不一定掌握数的守恒；有的幼儿掌握了守恒，但不一定掌握了邻数。方观容教授认为幼儿掌握数概念，必须掌握邻数和守恒，因此邻数和数的守恒，是幼儿数概念水平的指标。基于以上测验的结果，方教授指出学习这两项内容的成熟期是5岁左右，更确切地说，介于4岁8个月到5岁半之间。

研讨思考

1. 如果你也对幼儿数概念的形成、计数能力的发展感兴趣，你会用什么方法开展研究呢？

2. 请谈一谈在给3～6岁幼儿进行数学领域发展水平测查时要注意哪些问题。

学做研究

3～5 岁儿童心理数线发展的研究

3～5岁儿童心理数线发展的研究[①]

1. 研究目的

心理数线是数概念发展的重要组成部分，与各种数学能力的发展密切相关。本研究通过数线估计任务和潜在类别分析的方法，考察幼儿在两种不同估计情境中三种不同数线范围内心理数线估计模式与估计准确率的特点。

2. 研究对象

研究对象来自江苏省南京市和连云港市的普通幼儿园（城区和郊区各一所）。从每所幼儿园随机选取3～4岁和4～5岁幼儿各60名左右，4 所幼儿园共计487名幼儿参与研究。

3. 测查材料

本研究采用数线估计任务（number-to-position）。A 组测查材料：长度相同、数距不同的数线估计任务单。其中，1—10 和1—20 的数线长171 mm，1—5 的数线长172 mm（为便于精确测量和计算而修改成172 mm）。B 组测查材料：长度不同、数距相同的数线估计任务单，如图4–1所示。1—5 的数线长36 mm，1—10 的数线长81 mm，1—20 的数线长171 mm，数距都为9 mm。1—5数线要估计的目标数字为：2、3、4（共3个）；1—10数线要估计的目标数字为：2、3、4、6、7、8、9（共7个）；1—20数线要估计的目标数字为：3、4、6、8、12、14、17（共7个）。

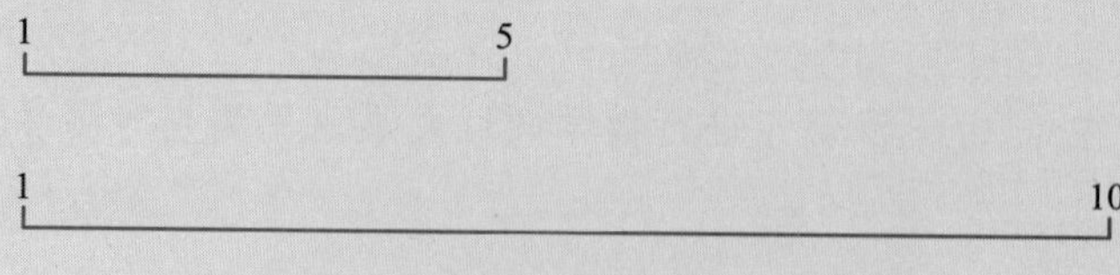

图4–1　B组数线估计任务示意图

① 臧蓓蕾. 3～5岁儿童心理数线发展的研究［D］. 南京：南京师范大学，2016.

4. 测查程序

研究者每次测查一名幼儿，在测查开始前首先了解幼儿的基本情况，与幼儿建立融洽的关系，营造轻松的测查氛围。接着研究者出示测查工具，向幼儿说明要求。在每一次测查前，研究者都会口头提醒，如："我们来玩一个数字宝宝排队的游戏吧。""这里有两个数字宝宝，你认识吗？""我们要按照从小到大的顺序排队，可是只有两个数字宝宝1和5（10/20）在这里，你能帮助其他数字宝宝找回自己的位置吗？""一会儿数字宝宝出现时，你觉得它应该站在哪里，就用笔在这条线上画一条线。"在幼儿进行操作时，研究者使用幼儿心理数线估计任务记录表（如表4-1所示）观察并记录幼儿的表现和使用的策略。

表4-1 幼儿心理数线估计任务记录表（A组节选）

幼儿编号：　　月龄：　　性别：　　测查时间与地点：

数线范围	被估计值	被估计值距/mm	实际估计值距/mm	使用策略
1—5	2	43		
1—5	3	86		
1—5	4	129		
1—10	2	19		
1—10	3	38		
1—10	4	57		
1—10	6	95		
1—10	7	114		
1—10	8	133		
1—10	9	152		

记录人：________

5. 数据分析

数据分析方法也是我们在学习研究方法过程中尤其要重视的内容。本研究运用了多种数据分析方法，如描述统计、卡方分析、独立样本t检验、单因素方差分析、多因素方差分析等。

为了解不同区域的差异，研究者采用独立样本t检验的方法，以了解不同年龄阶段儿童在不同数线范围的数线估计任务中的绝对误差百分比在苏南地区（南京）和苏北地区（连云港）是否存在差异。表4-2结果显示，除了4～5

岁儿童在1—10数线范围的数线估计任务中存在显著的地区差异（t=2.190，P=0.031<0.05），两所苏北地区幼儿园的绝对误差百分比显著低于两所苏南地区幼儿园外，其余各年龄阶段儿童在此估计情景中的三种数线范围中的绝对误差百分比都不存在显著的地区差异。

表4-2　不同年龄阶段儿童在估计情景一的不同数线范围内的地区差异

数线范围	年龄段	均值差值	标准误差值	t值
1—5	3～4岁	-2.523%	1.919%	-1.315
	4～5岁	1.665%	2.063%	0.807
1—10	3～4岁	-1.717%	1.404%	-1.223
	4～5岁	2.815%	1.285%	2.190*
1—20	3～4岁	-0.966%	1.564%	-0.618*
	4～5岁	-0.098%	1.077%	-0.091

注：*表示P<0.05。

为了解不同年龄阶段儿童在数距相同、跨度不同的数线估计任务中，绝对误差百分比在不同数线范围内是否存在估计模式的差异，研究者采用单因素方差分析进行检验。结果表明，在情景二的两个不同数线范围内，各个年龄段儿童数线估计的绝对误差百分比都存在估计模式的差异，具体见表4-3所示。

表4-3　不同年龄阶段儿童在估计情景二中绝对误差百分比的估计模式差异

	数线范围	年龄段	F值
情景二	1—5	3～4岁	34.562***
		4～5岁	106.485***
	1—10	3～4岁	27.182***
		4～5岁	171.111***
	1—20	3～4岁	82.239***
		4～5岁	7.051**

注：**表示P<0.01，***表示P<0.001。

研究者还采用多因素方差分析，探究在不同的数线估计范围内，儿童数线估计的绝对误差百分比的年龄段和情景的差异。表4-4结果显示，在三个数线范围内，年龄段的主效应都显著（F=30.156，P=0.000<0.05；F=13.879，

P=0.000<0.05；F=57.776，P=0.000<0.05），这表明儿童在各个数线范围估计的绝对误差百分比在年龄段之间差异显著。

表4-4　不同数线范围内绝对误差百分比的年龄与情景的多因素方差分析

数线范围	差异来源	平方和	自由度	F值
1—5	年龄段	2 480.855	1	30.156***
	情景	18 387.576	1	223.513***
	年龄段与情景	1 811.479	1	22.020***
1—10	年龄段	655.769	1	13.879***
	情景	2 144.685	1	45.391***
	年龄段与情景	22.008	1	0.466
1—20	年龄段	3 086.765	1	57.776***
	情景	27.021	1	0.506
	年龄段与情景	52.342	1	0.980

注：*** 表示P<0.001。

6. 研究结果

3～5岁儿童心理数线估计有多种估计模式，包括标准线性估计模式、非标准线性估计模式、居中模式、拉伸模式、对数模式和其他估计模式；儿童数线估计准确率存在情景、年龄和数线范围的差异；3～5岁儿童在数线估计任务中表现出使用丰富多样的估计策略，包括“视觉线索”“数数”“参照端点”“数字关系”等。

基于以上结果，我们获得如下启示：教师应在日常的教育教学活动中开展适合不同年龄班的多样数线估计活动，多途径促进儿童感知和理解数字关系，鼓励儿童用语言表达方法和策略。比如，对于3～4岁儿童来说，在开展数线估计活动时，要先从较小数线范围1—5开始，在此基础上不断扩大数线范围。在日常生活和学习中，教师可以创设并利用生活中常见的场景引导儿童进行数数。比如，与儿童一起点数整理家中的物品，帮助儿童积累熟练数数并运用数数解决问题的经验。对于4～5岁儿童来说，教师可以通过等量判断、排序、比较数字大小等操作活动，使儿童进一步感知数量的多少，理解数字的基数意义，感知数字之间的大小关系，发展儿童的计数比较能力和按数量排序能力。随着儿童年龄的增长，教师可以引导儿童了解数与数的位置关系、相邻数字的大小关系。比如，判断某数线范围内三个数中哪两个更接近，加深儿童对数与数大小间距的理解，进一步发展心理数线的发展水平。语言是思维的工具，教师要鼓励儿童说出自己的操作方法和使用的策略，多询问儿童“你是怎么做的”“你是怎么想的”，一方面让儿童在语言表达中梳理和巩固对数字关系的认识，回顾和反思自身的思维过程，从而使儿童建立心理数线；另一方面从儿童的回答中，教师也可以了解儿童在某数线范围内心理数线的发展水平。

延伸阅读

1. 方观容．学前教育家文库：方观容文集［M］．南京：江苏教育出版社，2006. 请重点阅读《幼儿数概念形成的研究》。

2. 张慧和，唐淑．百岁方观容教授的幼教之路［J］.早期教育（教师版），2013（10）：14-15.

3. 董剑晖.人物介绍：方观容［J］.早期教育（教师版），2010（4）：封面.

单元五 黄人颂

名家简介

黄人颂，女，生于1920年，南京师范大学教育科学学院学前教育系教授，曾任中国教育学会理事，江苏省幼儿教育研究会秘书长、顾问。黄人颂教授于1942年毕业于金陵大学社会福利行政研究所。1949年，她担任由南京市妇女筹委会筹办的第一托儿所（现南京市第一幼儿园）保教组组长，之后在西北师范学院工作。黄人颂教授长期致力于学前教育基本理论的教学与研究，代表性的研究成果有《幼儿识字教学实验研究》《幼儿家长的教育价值观调查》《美国发展适应性早期教育课程方案评述》《幼儿园角色游戏初探》《积木游戏的系列研究》等。黄人颂教授对学前教育事业有独到的学术见解，她认为：学前教育的理论要了解和认识儿童的发展特点、儿童的生存环境和对他们的期盼；理解儿童和教育目标是学前教育专业的重要课题；了解儿童，联系幼儿园实际，是发展学前教育理论的根本。黄人颂教授一生进行的专业研究几乎都是围绕着这些内容进行的。

中国幼教名家
黄人颂

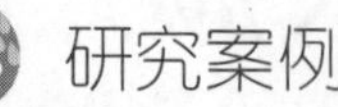

研究案例

20世纪80年代末90年代初，我国正处在经济、科技迅速发展和变革的过程中，黄人颂教授认为，“幼儿家长期望子女具有哪些良好素质”这一课题对推进当时教育改革，提高、改进家庭教育，以及研究社会文化的变革都有着重大意义。她围绕幼儿家长重视幼儿哪些素质的发展、父母教育价值观的变化，以及幼儿家长的教育价值观与幼儿的性别、年龄，同家长的年龄、受教育水平和职业之间的关系等问题开展了研究。

幼儿家长的教育价值观调查

该研究采用问卷法，研究对象包括来自南京、扬中、江宁、兰州、西安、赤峰、西宁、乌鲁木齐等地的幼儿园家长。问卷由两部分构成，第一部分是幼儿和家长的基本信息，包括幼儿的年龄、民族、幼儿园类型、父母年龄、文化程度、职业类型；第二部分为家长对各项素质的评价表格。

为了便于研究结果可与国外研究进行比较，问卷第二部分家长评价以美国社会学家科恩在1959 年设计并于1969年修订的项目作为参考，共计16项。考虑到我国国情，黄人颂教授和她的研究团队又增加了4个项目。最终的家长评价表格由以下20个具体评价项目组成：①与其他孩子相处很好；②礼貌好、态度好；③努力向上，力求成功；④整齐、清洁；⑤讨大人们喜爱；⑥认真、专心；⑦能保护自己；⑧能自我控制、管自己；⑨对人富于感情；⑩有愉快的情绪；⑪听从父母的话；⑫诚实；⑬老实、可信赖；⑭考虑别人、关心别人；⑮有好奇心，乐于探究；⑯好孩子、好学生；⑰外表惹人爱、漂亮；⑱聪明；⑲有独立性；⑳健康。

家长可采用五等级式来评定某一项目的重要程度。1代表“最重要”，2代表“很重要”，3代表“也重要”，4代表“有些重要”，5代表“有点重要”。在经过小规模的试点研究之后，正式调查于1989年至1990年上半年进行。研究共回收有效问卷623份，回收的有效问卷运用电脑进行了统计处理和分析。幼儿的年龄从2岁半至7岁（其中2岁半至4岁占25.2%，4至5岁占41.1%，5至7岁占33.7%）；汉族幼儿占91.6%；幼儿园类型分社区幼儿园、机关幼儿园、工厂幼儿园、大学附属幼儿园、少数民族园。幼儿父母年龄24～50岁；文化程度以高中、大学学历为多，初中学历次之，研究生、小学学历最少；职业以技工职员为多，体力劳动者和专业劳动者次之，农民最少。

研究结果显示，家长重视的前五项素质依次是："健康""努力向上，力求成功""诚实""聪明""有好奇心，乐于探究"。父亲与母亲评定的顺序是相同的，都一致认为这五项素质是重要的。排在这五项之后的素质依次为："认真、专心""礼貌好、态度好""有独立性""好孩子、好学生"。家长不重视的项目依次为"外表惹人爱、漂亮""讨大人们喜爱""对人富于感情""能保护自己"，而最后一个不重视的项目父亲与母亲的选择有所不同，父亲认为是"整齐、清洁"，而母亲则认为是"听从父母的话"。家长的排序从另一方面反映了家长的教育价值观。

统计还表明，与以往研究相比，家长评价在某些项目上有较明显的变化，如"听从父母的话""老实、可信赖""好孩子、好学生"，过去一直是家长所重视的，那时家长却认为不那么重要了。"有好奇心""有独立性"在过去家长一般不重视，那时却认为是重要的素质。儿童的性别与年龄对父母的教育价值观是否有影响？ 统计结果表明，在性别变量方面，只在母亲的评价中对两个素质项目有明显影响：在"有好奇心，乐于探究"中，男孩母亲评价的平均数为3.37，而女孩母亲评价的平均数则为4.08（t=3.04，P<0.005），男孩母亲认为具有这项素质更为重要些。在"整齐、清洁"中，女孩母亲评价的平均数为3.72，而男孩母亲评价则为4.52（P<0.05），这说明女孩母亲更重视这一素质，这与我国传统上对男女孩期望的不同有关。在年龄变量方面，也只有母亲对不同年龄子女在"好孩子、好学生"的评价上有显著差异，5岁以上儿童的母亲比4岁以下儿童的母亲更重视这一项目。

为了探查父母受教育水平、职业及年龄与他们教育价值观之间的关系，该研究还将家长认为重要的九个素质项目的得分与家长的年龄、教育水平及职业进行了相关性分析（在分析中，年龄以大小为变量；受教育水平分5级：小学为1级，初中为2级，高中为3级，大学为4级，研究生为5级；职业分4级：农民为1级、体力劳动者为2级、技工及职员为3级、专业工作者为4级）。结果表明，父母年龄越大越重视"努力向上，力求成功""认真、专心"；父母年龄越小越重视"礼貌好、态度好"及"诚实"。父亲受教育程度越高越重视"有好奇心，乐于探究""有独立性""认真、专心"，受教育程度越低越重视"礼貌好、态度好"；母亲受教育水平越高越重视"有好奇心，乐于探究""健康"，受教育程度越低越重视"好孩子、好学生""诚实"。父亲是农民或体力劳动者的，更重视"礼貌好、态度好""好孩子、好学生"，父亲是专业工作者的则更重视"有好奇心，乐于探究""有独立性"；母亲是体力劳动者的也更重视“礼貌好、态度好”，母亲是专业工作者的则更重视“有好奇心，乐于探究”“健康”。

此外，研究者还把研究结果与美国社会学家科恩关于家长教育观的研究进行了比较，发现了很多相似之处。科恩在研究中把“有好奇心，乐于探究”“老实、可信赖”“能自我控制、管自己”等项目作为“自我引导”项，即重视内部的道德准则；而把“礼貌好、态度好”“整齐、清洁”“好孩子、好学生”“诚实”“听从父母的话”作为“遵从别人”项，即重视外加的规则和要求。科恩的研究指出，受教育水平越高的家长越重视“自我引导”，而受教育水平越低的家长越重视“遵从别人”；从事专业工作的家长重视“自我引导”，而从事简单劳动的家长则重视“遵从别人”。这一结果反映了家长重视对自身职业有用的素质。

研讨思考

1. 请谈一谈：什么样的研究主题适合采用调查法？在开展调查之前应注意哪些问题？

2. 黄人颂教授关于幼儿家长教育价值观的研究开始于1989年，时至今日，学术研究日新月异，你认为该研究还可以如何进行？

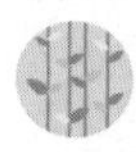

学做研究

N市家长的幼儿心理健康观研究①

N市家长的幼儿心理健康观研究

1. 研究目的

家长的幼儿心理健康观是指家长在日常生活中形成的关于幼儿心理健康的基本看法和观点，它作为家长教育观念的一部分，将对幼儿的身心健康发展产生重要影响。本研究旨在了解家长的幼儿心理健康观，探讨影响家长的幼儿心理健康观的因素。

2. 研究对象

本研究采取整群随机抽样的方法，在N市四城区各选取一所幼儿园，从每个

① 杨铭. N市家长的幼儿心理健康观研究［D］. 南京：南京师范大学，2016.

幼儿园中随机抽取大、中、小班各1个（共12个班），每班随机抽取20名幼儿发放问卷。

3. 研究过程

本研究结合开放式问卷调查、访谈等方法编制了家长的幼儿心理健康观初始问卷，经过两次问卷调查及探索性因素分析，最终形成了家长的幼儿心理健康观正式问卷（见表5-1），包括三个子问卷：家长对幼儿心理健康特征的认识子问卷、家长对幼儿心理健康影响因素的认识子问卷、家长对幼儿心理健康促进方法的认识子问卷。

表5-1 幼儿家长心理健康观问卷（节选）

作为家长，您认为下列特征在多大程度上反映了幼儿的心理健康？请填写在下表中。

"1"表示最不能反映幼儿的心理健康，"6"表示最能反映幼儿的心理健康，从"1"到"6"表示程度不断递增。请您根据真实想法作答，在相应数字上打"√"。

特征	反映幼儿心理健康的程度					
1. 能将好习惯保持下去	1	2	3	4	5	6
2. 愿意与他人分享物品（如玩具、食物、图书等）	1	2	3	4	5	6
3. 有自己的计划和安排	1	2	3	4	5	6
4. 有良好的生活习惯（饮食、作息规律，主动收拾玩具）	1	2	3	4	5	6
5. 有自己的爱好	1	2	3	4	5	6
6. 能约束自己的行为	1	2	3	4	5	6
7. 能够合理地表达情绪	1	2	3	4	5	6
8. 愿意主动跟别的小朋友玩	1	2	3	4	5	6
9. 愿意主动跟他人交流	1	2	3	4	5	6
10. 能够较好地控制情绪	1	2	3	4	5	6

问卷实际发放240份，回收223份。家长对幼儿心理健康特征的认识有效问卷201份，有效率为90.13%。家长对幼儿心理健康影响因素的认知有效问卷206份，有效率92.38%。家长对幼儿心理健康促进方法的认识有效问卷192份，有效率86.10%。

4. 研究结果

通过对N市四城区家长的问卷调查，本研究发现：第一，从总体上看，家长比较认同人际交往和谐是幼儿心理健康的特征；第二，年龄越大的家长越倾向于将人际交往和谐视为幼儿心理健康的特征；第三，父亲比母亲更加关注负面事物对幼儿心理健康的影响；第四，文化程度不同的家长所持有的幼儿心理健康观存在差异；第五，职业不同的家长对幼儿心理健康特征、幼儿心理健康影响因素的认识存在显著差异，但是对幼儿心理健康促进方法的认识比较统一。

延伸阅读

1. 黄人颂．学前教育家文库：黄人颂文集［M］．南京：江苏教育出版社，2006. 请重点阅读“第二篇 实验研究”。

2. 皮军功. 吾生也有涯，而知也无涯：访黄人颂先生［J］. 学前教育研究，2003（7）：60-62.

3. 董剑晖. 人物介绍：黄人颂［J］. 早期教育（教师版），2011（7）：封面.

单元六　赵寄石

名家简介

中国幼教名家赵寄石

赵寄石，女，生于1921年，南京师范大学教育科学学院教授、中国学前教育研究会顾问、南京如意幼儿园名誉园长、赵氏幼儿教育研究服务中心主任。赵寄石教授1940年毕业于苏州景海女子师范学校，1948—1952年留学美国，获教育学学士学位，并攻读托儿教育硕士课程。曾任南京师范大学教育系学前教育教研室主任等，负责联合国儿童基金会南京师范大学项目的日常工作，先后主持“学前儿童语言教育”“幼儿园综合教育结构的探讨”“农村幼儿教育研究”等研究项目。赵寄石教授的学术研究和实践涉及学前教育的各个方面，从0～3岁儿童到3～6岁儿童，从城市学前教育到农村学前教育，从机构教育到家庭教育，从儿童教育到师范教育等，这些工作对我国学前教育的改革和发展起到了十分重要的作用，特别是她关于幼儿园综合教育的理论和实践，对我国学前教育改革起到了引领性的作用。

研究案例

20世纪80年代初，赵寄石教授大胆地提出在幼儿园开展综合教育的研究，由此开启了我国幼儿园课程改革和发展的新时代，也进一步促进了我国幼儿园课程回归儿童的天性，回归幼儿园课程的本质，回归生活，回归过程。为适应学前教育改革的需要，促进幼儿园教育质量进一步提高，赵寄石教授带领南京师范大学学前教育系（原学前教育教研室）和南京市实验幼儿园协作开展了“幼儿园综合教育结构的探讨”的研究，为期近三年（1983年9月至1986年7月）。该研究采用行动研究，边实践，边研究，以研究促实践。接下来我们就以赵寄石教授的“幼儿园语言教学大纲的研究”为例，向大家呈现行动研究的基本思路和步骤。

幼儿园语言教学大纲的研究

赵寄石教授认为行动研究在教育领域，尤其是在课程研究中是可行而且有效的。行动研究为纯理论研究难以着手的复杂的教育、教学问题的探索提供了一种可操作的思路。行动研究把行动与研究结合起来，具有实践性、系统性强的特点。行动研究在教育科学研究和教育实践之间架起一座桥梁，能够促进两者的交流与反馈。在“幼儿园综合教育结构的探讨”“托儿综合教育课程研究”“农村学前一年综合教育课程研究”中，赵寄石教授和她的团队都采用了行动研究。赵寄石教授认为行动研究是促进幼儿园自我发展的途径，其核心是让园长、教师成为研究者：幼儿园全体保教人员开展一系列课题研究，园长亲自深入研究一两个重点课题，把取得的经验用于指导其他课题研究，使所有人员从研究中获益，从而发挥更大的潜能，在不断实践→总结→再实践→再总结的过程中，逐渐形成本园的理论观念和实践体系。以下是赵寄石教授在幼儿园小班开展语言教学大纲研究的具体操作过程。

第一步：从实际问题出发确定研究选题。在“文化大革命”之后，幼儿园教育处于拨乱反正过程中，语言教育大多以思想政治内容为教学大纲，脱离了幼儿认识水平，忽视了幼儿的语言发展。如何纠正这种不符合学前教育规律的做法？幼儿语言教学应该以什么为纲？哪些内容适合幼儿的认识能力水平？发展幼儿语言应该从哪里抓起？这一系列问题涉及幼儿园语言教学的大纲、内容、教材、教法。为了解决以上问题，赵寄石教授和一些幼儿园教师开始了协作研究。

第二步：基于学科特点，选择适宜的研究方法。赵寄石教授强调从幼儿语言教育的角度研究幼儿语言发展，这与心理学的研究者研究儿童语言发展有着本质的区别，因为研究的内容和方法不同。从幼儿语言教育的角度开展研究，必须研究“教”与“学”两个方面。也就是说，我们不但要研究教师教什么、怎样教，还要通过对教育过程的分析来研究教学大纲、教学内容、教材和教法，更要研究教师所教内容和教学方法对幼儿产生的效果。研究要以幼儿园教师的教育实践为研究的中心环节，要围绕教师的教学来收集资料。于是，研究幼儿语言教育和儿童文学的三位教授与代代红幼儿园（现南京市实验幼儿园）的黄文奥老师在自愿协作的基础上组成了幼儿园语言教学大纲科研小组。

第三步：制订科研计划。在确定了研究课题以后，协作单位一起制订了科研计划，使参加的人员对科研的目的要求、内容、方法等有了统一的认识，最后确定以1978年秋季入园的小班作为控制组，由带班教师连续摸索三年。小班第一学期以语音与短句教学为重点，教幼儿学习用别人能听懂的词句来表达自己的意思；第二学期以观察和看图说话为重点，教幼儿用比较完整的句子来回答问话，表达自己的意思。每学期语言教育的重点是根据学前期语言发展总的要求并以前一阶段幼儿语言发展的实际水平为基础提出来的。

第四步：边实践边研究。赵寄石教授认为研究语言教学大纲不仅要研究幼儿语言发展的规律，还要探索促进幼儿语言发展的教学规律。赵寄石教授带领科研小组根据研究重点设计了一系列语言教学活动，并对语言教学活动进行了详细记录，包括教师与科研小组集体备课、集体听课和观察记录教学活动等。在学期末，科研小组对这些记录进行集体总结和分析，并给教师提供详细的反馈。另外，科研小组在幼儿初入园和学期末时分别对全班幼儿逐个进行测验，也就是我们现在所说的前测和后测。前测用来了解幼儿的一般情况和个别特点，使教育更具有针对性；后测用来检验语言教学大纲的效果。虽然后期对小班幼儿一对一测验的数据的整理和分析非常耗时耗力，但是赵寄石认为测验对比的结果是研究语言教学大纲必不可少的根据，是非常宝贵的一手科研资料。

第五步：通过实践反复实验。1979年夏天，科研小组把实验班使用过的小班语言教学大纲整理出来，并挑选了一些效果较好的教案在当年秋季入园的四个小班进行实验。经过半年的验证，他们对第一轮实验整理出的教学活动、教学内容、方法进行了调整，对教材的选择和教学方法的运用又开展了进一步研究。通过不同的教师年复一年的实践，幼儿园语言教学大纲得到了不断的完善。

研讨思考

1. 请广泛查阅教育研究方法的相关资料，谈一谈为什么幼儿园教师需要开展行动研究。

2. 试着访谈一两位幼儿园教师，了解他们参与行动研究的体会。他们是怎么做的？

学做研究

大班幼儿戏剧工作坊的行动研究

大班幼儿戏剧工作坊的行动研究①

1. 研究目的

在儿童戏剧教育变革与发展的背景下，本研究以幼儿园戏剧工作坊存在的各种问题为切入点，以原有的活动成果为基础，深入戏剧工作坊的活动现场，与研究团队共同讨论并反思活动的设计与实施过程。本研究通过对已有问题进行分析，重新界定戏剧工作坊的内涵，设计、实施并改进活动方案；在“实施→反思→调整→再实施”的研究过程中，研究者对教师在活动中的问题及时做出反思与指导，不断调整过程中的引导策略，使戏剧工作坊更有利于幼儿主体性与创造性的发挥。

2. 研究对象

本研究选取了长期开展儿童戏剧教育的南京市Y园，Y园从事儿童戏剧教育的实践研究已有多年，且研究者一直在该园观摩戏剧活动，经常参加该园组织的戏剧教研讨论，对该园的戏剧教育活动历程有一定的了解。本研究以该园专门开设的戏剧工作室为研究现场，研究对象为大班两个班的32名幼儿和4位教师。

3. 研究过程

整个研究过程分为研究准备，研究实施两个阶段。

第一阶段：研究准备阶段，筛选活动方案。在原有实践研究的基础上，依照思想性、趣味性、角色化、戏剧性的基本原则，研究者筛选了《神奇的泡泡》《图画里的秘密》《盒子里的猫》《圣诞村里的来客》四个大班戏剧工作坊的活动方案，增加了戏剧冲突部分，重新设计活动流程。

第二阶段：研究实施阶段。每个活动方案由同一教师执教4次，共计16次。

① 杨娟.大班幼儿戏剧工作坊的行动研究［D］.南京：南京师范大学，2012.

每次戏剧工作坊按照暖身活动→角色塑造→情节创作→分享与交流四个环节开展，教师选用适宜的戏剧教学策略，促进幼儿更好地感受并表达戏剧角色。

活动总结、反思与修正在研究实施过程中具有重要作用。在每次活动结束后，教师都会先对教学内容、教学策略和教学效果进行反思。随后，研究者及所有参与观摩活动的教师共同对幼儿在活动中的表现、教师在活动中的角色定位、教师组织与管理策略、教师戏剧教学策略的使用等问题加以分析和讨论，以便整理出需要调整的内容（如表6-1所示）。

表6-1 《图画里的秘密》活动反思（节选）

活动时间	主要问题	问题解决
第一次活动（2011年10月13日）	情节开始时，“雪花”（道具）出现晚了	幼儿穿上雨靴后应立即撒“雪”
	堆雪人环节缺少控制，幼儿被雪花吸引	建议堆雪人时采用“雕塑家”策略
	缺少戏剧冲突和可以引发思考的内容	增设简单的冲突内容
第二次活动（2011年10月20日）	活动中的“雪花”道具对幼儿的情绪影响很大，幼儿过于兴奋，不能很好地听教师的要求	考虑取消“雪花”道具，减少其对活动的干扰
	在堆雪人环节，教师一味地表扬幼儿，幼儿动作很快，雪人较缺乏个性化造型	教师不能一味地表扬幼儿，要有问题意识，引导幼儿深入表现细节等问题
	在解决戏剧冲突时，幼儿在讨论中明显表现出对北极熊的生活常识不够了解	教师要事先提供有关北极熊的绘本或视频，帮助幼儿丰富相关经验
第三次活动（2011年10月27日）	教师对能力较强的幼儿提问较多，容易忽视表现一般的幼儿	教师应尽可能给每个孩子发言和表现的机会
	在暖身活动环节，教师组织幼儿看绘本及讨论的时间过长	幼儿在认同角色以后即可往下进行
	在使用“定格”策略时，教师的口令过长，造成幼儿摆造型略显僵硬	教师改用“停”的定格口令，将幼儿的造型瞬间定格在自然状态下

4. 研究结果

研究结果显示特定的活动空间、少数参与者（8～10人）是戏剧工作坊开展的保障。戏剧工作坊开放、合作、创造的特性很好地满足了幼儿的戏剧表现天性。幼儿在戏剧创作中表现出了“假性游离”“异想天开”“假戏真做”“自娱自乐”的创作面貌。本研究还通过对戏剧工作坊“作品”的分析得出了戏剧工作坊在艺术表现方面应包含的时间、空间、张力、象征等戏剧元素。戏剧工作坊对参与的幼儿和教师的成长均有积极的意义。

延伸阅读

1. 赵寄石．学前教育家文库：赵寄石文集［M］．南京：江苏教育出版社，2006. 请重点阅读《学前教育课程发展行动研究法》。

2. 唐淑.赵寄石学前课程思想的发展历程［J］.早期教育（教师版），2010（9）：4–5.

3. 赵寄石.参加幼儿语言教学大纲研究的几点做法和体会［J］.中国教育学刊，1980（1）：69–71.

单元七　史慧中

名家简介

中国幼教名家
史慧中

史慧中，女，生于1930年，江西鄱阳县人，毕业于南京金陵女子文理学院社会系。史慧中曾先后在教育部、贵州省德江县的中学、中央教育科学研究所工作，并先后任中央教育科学研究所幼儿教育研究室主任、全国教育科学规划普通教育学科评审组成员、国务院学位委员会第三届学科评议组成员、中国学前教育研究会理事长。1979年，史慧中开始在中央教育科学研究所从事幼儿教育科研工作，主持了“我国3～6岁儿童口语发展特点与教育”科研项目，带领10个省份的幼儿教育工作者进行了幼儿口语发展特点的调查研究，为探索幼儿语言教育的心理基础和特征规律提供了横向和纵向的研究数据。20世纪80年代，我国是国际教育成就评价协会学前教育项目15个成员国之一，史慧中担任中国国家协调员，带领我国10个省份的研究者从幼儿的家庭、教养处所和家庭所在地区三个层面开展幼儿生活和教育环境对幼儿发展状况影响的研究。通过对环境条件与幼儿发展的相关因素的分析，该研究探索出我国幼儿生活和受教育条件、发展水平关系的科学规律。史慧中满怀对幼儿教育事业的真挚感情，以高度的责任心和饱满的热情，全身心地投入到我国的教育事业中，并在幼儿教育行政管理和研究领域做出了巨大贡献。

研究案例

广东省汕头市潮阳实验幼儿园创建于1998年，是一所民办幼儿园。该园从1999年争取到中国学前教育研究会的智力投资开始，便进行了幼儿素质教育实验。在实验第一阶段，史慧中和她的团队按照实验计划在全园教师的教育理念和教育行为的转变方面投入了大量精力。例如，引导教师从素质的整体性、潜在性等特性出发，学习以幼儿为前提的生成性与预设性课程及其操作要点，确立以幼儿发展为目的的环境创设要点和科学的资源观等。

幼儿园保教人员儿童观的转变

从2001年夏季开始，课题研究进入了边实验边衡量已有成果的阶段。为了深入了解幼儿园保教人员的思维方式、教育品质、教育理念，史慧中带领课题组成员与幼儿园保教人员朝夕相处，不仅与保教人员随机个别交流、观摩其常规性的班级活动，还收集情境化的原始资料，首次尝试将质的方法与量的方法综合运用。

1. 第一步：确定研究问题

质的研究的目的是对研究现象进行解释性的理解，而不是对某些假设进行证实。为了对该园三个学期素质教育实验的现象和结果进行了解和解释，课题组依据《幼儿园工作规程》和《幼儿园教育指导纲要（试行）》精神，对以下问题进行探讨：（1）在实验开展之后，保教人员的儿童观有无变化？变化到什么程度？（2）实验后，教师的教育行为有无变化？如果有变化，其教育行为的改变反映其原有的哪些不科学的教育理念得到了改进？改进的程度如何？

2. 第二步：确定研究对象、步骤、方法

史慧中提出在质的研究中，依据研究问题确定研究对象、步骤和方法时，应该注意以下几点。

（1）通过什么人和物收集原始资料才有较高的信度？在什么时候，用什么方法收集原始资料才有较理想的效度？运用什么方式进行抽样才能说明问题的代表性？研究设计和资料收集要以研究问题为前提。

（2）为了让研究对保教人员的教育品质养成产生直接的、积极的影响，史慧中和她的团队对研究方案进行了比较慎重而细致的考虑，其中主要考虑如何将方案编写得适合本园教师的理解水平和操作能力，以保证全体教师都能按照研究方案获取真实的资料。出于上述思考，资料收集工作使用了访谈、观察、小组会议、叙事分析和实物分析等多种方法，资料来源于教师、保育员、幼儿、幼儿的家长等多个方面。

3. 第三步：收集数据

史慧中提醒课题组成员要尽可能避免走进为方法而方法的误区；尽可能设想课题组领导与教师间已有的情感关系，避免使获得的材料掺有杂质的可能性，设想杂质有可能从哪些方面出现；尽可能消除“希望教师有较明显进步，从而证明实验取得了好的结果”的主观期望。在研究方法方面，史慧中针对以下内容进行了思考：研究现场应该是怎样的才自然、合理？采用什么方式使对方比较容易了解研究者调查的内容与目的？用什么方法才能打消对方的猜忌和顾虑？研究者应该怎样开始资料收集工作？在收集资料的过程中研究者如果没有听清或想进一步了解对方的观点，应该怎样做才能取得比较理想的结果？等等。

在再三斟酌之后，史慧中认为科学的、现代的儿童观是人所皆知的，从理论上阐述现代的儿童观必定以概念为主，这不足以评析本园教师儿童观改变的状况。因此，她决定采用一种从情感上了解教师儿童观改变程度的方法，其具体内容如下。

第一，采用开放式口述来进行访谈。研究人员的提问遵循了两个原则：其一是减轻研究对象对调查的敏感性，换言之，不使研究人员了解“儿童观”的目的轻易地被对方察觉，以保证所获材料的真实性；其二是从情感上了解教师的“儿童观”，不使对方的理性认识掩盖其感性认识，以进一步保证所获得材料的可信度。

第二，各班教师和保育人员均同时参加座谈会。座谈主要围绕两项内容：第一项内容是询问教师和保育人员自参与素质教育研究项目以来，思想上最大的收获和行动上最大的改变；第二项内容是请教师和保育人员列举自己最喜爱的孩子的姓名，介绍最喜欢他们的原因，以及进一步的培养设想。史慧中认为这是因人施教的问题，而不是所谓偏爱的问题。这种有名有姓的指认式的回顾，预计可促使教师从情感入手思考问题，其叙述内容也可以比较具体，研究人员可以从对方具体的叙述中归纳出观点，这些观点有可能是多个角度的、真实的。

此外，教师和保育人员均参加座谈还可以加强保教结合工作。被访者先谈参与研究的收获，再谈对某些儿童尤为喜爱的原因，这样转折比较自然，也更能减少被试的顾虑，从而增强材料的真实性。访谈分班进行，共计16个小时，书面补充材料在座谈会后两天之内交齐。材料获取时间前后不超过三天，可以避免或降低主观认识改变造成材料不准确的影响。

4. 第四步：分析资料

分析资料的第一步是整理原始资料，第二步才是对整理后的资料进行分析。所收集材料具有较强的个体性，因此研究者要以园为单位进行分析，需要经过多重处理，还需要建立由质至量再至质的整理分析层次。在资料分析前，史慧中尤其注意以下几点：在整理资料阶段，首先强调的是阅读原始资料的态度——认真细致，不漏掉可供分析情况的任何信息。同时，注意用边阅读边思考的方法，为问题的分类获取初步信息。在阅读资料过程中，根据所研究问题的类别进行评估前的准备。例如，在阅读儿童观的座谈记录时，研究人员主要围绕教师爱孩子的哪些特点，爱孩子有哪些表现，是否有用以佐证的实例，有没有尊重孩子的个性；在阅读教师的周计划和日计划时，研究者要注意计划的背景特点、课程模式的特点、教师如何表述目标、物质环境的准备与目标要求是否吻合、怎样激发幼儿参与活动的主动性、教师教育过程中的启发有无事前准备，以及群体和个别教育的方法是否均有所考虑等。史慧中提出在阅读资料时应注意事先只进行内容类别的粗线条安排，在阅读过程中再细化；然后依据前两次阅读的印象，在第三次阅读时对已有的分类加以调整。

以儿童观的评析为例，在上述思想的指导下，研究人员获得了保教人员特别喜爱幼儿的7大类（态度类、情感类、能力类、文明行为类、个性类、发展类、外表类）86小类原因。研究人员对分类后的材料加以量化，使数据分析有了确凿的依据；根据分析结果，研究人员得出对素质教育继续改进的建议，这为今后的教育领导工作指明了方向。

研讨思考

1. 请谈一谈：质的方法与量的方法相结合有哪些优点？在实际操作中有哪些困难？如何克服这些困难？

2. 如果你也对幼儿园教师或保育人员的儿童观进行研究，你会用什么方法开展研究呢？

学做研究

关于幼儿园教师撰写幼儿学期评语的研究[①]

关于幼儿园教师撰写幼儿学期评语的研究

1．研究目的

撰写评语是教师对幼儿进行终结性评价的一种典型行为，是幼儿发展评价的一种重要方式。本研究的主要目的在于深入了解幼儿园教师对撰写幼儿学期评语目的的认识，幼儿园教师撰写幼儿学期评语的过程和方法，以及分析导致幼儿园教师现有认识和行动方式的深层原因，并基于以上内容尝试提出改进撰写学期评语工作的建议。

2．研究方法

本研究采用质和量相结合的方法对幼儿学期评语进行研究。研究者在S园以拍照的形式从幼儿成长册中收集学期评语和教师对幼儿作品的评价，总共收集该园34位教师撰写的442篇评语文本。研究者以评价目的、评价的可靠性、评语中教师的期望等为分析的基本框架（如表7-1所示），对442篇学期评语进行了内容分析。

表7-1　幼儿园教师撰写幼儿学期评语的内容分析（节选）

指标1	指标2	指标3	频数	典型句子
评价目的	假定的读者（沟通的对象）	第二人称	442	你是一个活泼、开朗、热情、爱笑的孩子
	目的	鉴定目的	265	这学期你的表现很好……你在童话剧《小红帽》中能够大胆地表现自己，真棒！ 老师希望你继续保持优点，做一个能干的大班姐姐！
		激励目的	119	如果在寒假里你能经常剪剪、画画、贴贴，你的进步会更大，老师期待你有更大的进步、更出色的表现！

① 傅海静．关于幼儿园教师撰写幼儿学期评语的研究［D］．南京：南京师范大学，2014.

续表

指标1	指标2	指标3	频数	典型句子
评价目的	目的	教育目的	58	如果你上课时不去打扰别人，能少说“悄悄话”，多动脑筋，积极举手发言，就更好了！马上升中班了，早上按时入园，你会学到更多的本领，也会有更大的进步，加油！
	语气	有感情	442	还记得刚来幼儿园时，你哭得像个“小泪人”……
	语言	生动形象	22	希望你像小老虎一样大口大口地吃饭
		抽象难懂	12	希望你在假期中做到动静交替，让小手变得灵活
		科学严谨	62	你会讲几个好听的故事，有时候愿意和大家说说高兴的事情
评价的可靠性	判断性语言有无事例支撑	有	54	你能够独立完成数学练习，画画也有了进步，在首届“快乐中国”幼儿绘画大赛中还获得了银奖呢！ 你喜欢表演，你在童话剧中大胆地表现自己，真棒！
		无	388	你各方面都有很大的进步，故事讲得越来越好听了，朋友也越来越多了
	评价与成长册内容是否有关	有	54	你越来越懂事了，经常像大哥哥一样帮助小朋友做事情。 在“蔬菜秀”的排演过程中，我们请阳阳和金金帮助胆小的子桉，并带着他一块走秀，在整个过程中，阳阳没有一句怨言，始终像一个大哥哥。你真会关心小朋友！
		无	388	略
评语中教师的期望	期望	符合《指南》	240	略
		不符合《指南》	98	在集体活动中如果你能够专心听老师说话，遵守各项纪律，你会学到更多的本领的

接着，为进一步了解教师撰写学期评语的过程、方法以及对撰写评语日常工作的理解和态度，并与文本内容分析的结果进行相互印证，研究者设计了《幼儿园教师撰写学期评语工作的现状调查问卷》，该问卷为封闭式问卷，由两部分组成：第一部分对幼儿园进行终结性评价工作的总体情况，教师撰写学期评语的过程、方法、写作内容、写作依据、写作态度等方面进行调查；第二部分主要了解教师的个人情况，包括教龄、学历、所带班级年龄段以及幼儿人数。研究者对包括S园在内的四所幼儿园的63位幼儿教师进行了问卷调查。问卷节选内容如下：

幼儿园教师撰写学期评语工作的现状调查问卷（节选）

1. 您所在的幼儿园中，老师们在学期末或者学年末是否对班中每个幼儿的发展情况做“终结性评价”？

   A. 是　　B. 否

2. 这种终结性评价工作主要有哪些方式？（可多选）

   A. 根据发展目标的清单，给每名幼儿的各方面表现评定等级。

   B. 撰写幼儿成长档案或成长册中的学期评语（如“教师寄语”“老师的话”等）。

   C. 专门给家长、幼儿写一封信或者邮件，总结幼儿一学期或一学年的发展情况。

   D. 不做书面评定，但在开家长会时会报告幼儿一学期的表现和发展情况。

   E. 进行测试并记录成绩单。

   F. 其他（请填写）＿＿＿＿＿＿＿＿＿＿＿＿＿＿。

3. 您认为幼儿园是否有必要在学期末或学年末对幼儿的发展进行终结性评价？

   A. 很有必要　B. 有必要　C. 一般　D. 不太需要　E. 根本没必要

4. 您所在的幼儿园对幼儿学期或学年评语的撰写原则或方法有具体的规定吗？

   A. 有规定，很详细　B. 有规定，不是很具体　C. 没有规定

3. 研究结果

研究结果显示，幼儿园普遍将学期评语作为终结性评价的主要方式，但是部分教师对于幼儿学期评语的写作目的尚不明确；教师学期评语写作的依据多种多样，对幼儿的评价普遍缺少事例支撑，并且与形成性评价工作割裂开来；在学期评语中评价的内容不够全面，且缺乏对幼儿个性化的描述；评语的语言风格亲和委婉，多进行肯定性的判断，但多数直接使用抽象的判断词，缺少具体行为事例的描述；在评语中教师对于幼儿的期望存在模糊或者偏高、偏远、偏空的现象，不利于实现评语的激励目的。最后，研究者对幼儿园改进以学期评语为核心的终结性评价提出了若干建议。

延伸阅读

1. 史慧中．20年幼儿教育规划研究缩影［J］.学前教育研究，2005（4）：5-11.

2. 齐燕戈．把科研之根深植在幼儿园：访中央教科所幼儿教育研究室主任史慧中［J］．早期教育（教师版），1991（3）：26.

3. 史慧中．质的研究方法与量的研究方法综合运用的粗浅体会［J］．学前教育研究，2003（5）：18-21.

单元八　汪爱丽

名家简介

中国幼教名家
汪爱丽

汪爱丽，女，生于1927年，南京师范大学教育科学学院教授。1949年毕业于南京金陵女子文理学院，在南京师范大学教育系任教四十余年。汪爱丽主要致力于幼儿音乐教育研究，曾先后赴墨西哥、美国、英国考察幼儿教育，是我国现代幼儿音乐教育领域的知名学者。在20世纪70至80年代的近20年间，她除了研究幼儿园的音乐教材、教法问题和创作幼儿音乐作品以外，还做了大量具有开拓性的与心理学有关的研究工作。她主要的著作有《幼儿音乐教学法》，并在相关杂志上发表了科研报告和学术成果数篇，其中“幼儿园音乐教学中音乐能力的培养”项目于1985年获江苏省哲学社会科学优秀成果二等奖，1986年获南京师范大学教学成果一等奖。

研究案例

汪爱丽教授带领的南京市幼儿音乐科研小组于1979—1982年、1983—1986年两次连续三年在幼儿园观察和研究幼儿音乐教育的内容、教材与教法，并对幼儿音乐能力的测量进行了初步的探索。当时的幼儿音乐教育存在非常严重的成人化和小学化倾向。幼儿音乐教育的教材偏深、偏难，幼儿学唱的歌曲有的直接采用成人的歌曲或戏曲。而且，当时的幼儿园教师普遍认为小班的歌曲太短、太简单，于是他们选择了音域较广、节奏变化多、曲调较长的歌曲教小班幼儿。3岁幼儿在唱歌方面已经具备了怎样的基础？一年之后小班幼儿唱歌能力会发展到什么水平？如何为小班幼儿选择适宜的唱歌教材？基于对以上问题的思考，汪爱丽教授决定一方面平日观察幼儿对所教歌曲的反应，另一方面调查小班幼儿唱歌能力的发展情况。

小班幼儿唱歌能力的调查

汪爱丽教授带领南京市幼儿音乐科研小组在南京市几所幼儿园开展调查。他们首先调查的是初入园小班幼儿的唱歌能力。在入园几天后，科研小组让幼儿逐个演唱他们会唱的歌曲。调查结果从幼儿的“表现情况”“所唱内容”两个方面进行分析。三所幼儿园的调查结果大致相同，以商业局幼儿园初入园小班的26名幼儿为例，调查发现肯唱的幼儿有16名，不到总数的2/3。不肯唱的幼儿有的可能由于陌生而不肯唱，有的确实不会唱。在肯唱的16名幼儿当中，5名幼儿所唱的是社会上经常听到的电影插曲或其他群众歌曲，4名幼儿唱的是少年儿童或幼儿歌曲，3名幼儿唱的是自编的歌曲，1名幼儿是在念儿歌，还有3名幼儿唱的内容听不清楚。此外，幼儿歌唱的质量较差，除个别幼儿能唱准一些曲调外，大部分幼儿由于所唱歌曲的音域太广、曲调太难、歌词太深，而唱不完整，走音厉害，节奏不准确。

接下来，科研小组开展小班幼儿唱歌能力发展情况调查。1979年10月，科研小组在学期初进行第一次测验，要求幼儿听教师弹完《我上幼儿园》最后一句后，开始在无伴奏的情况下独自唱。1980年6月，科研小组在学期末进行第二次测验，方法同上，但是增加了一项要求，即在无伴奏独唱后再跟琴唱一次，目的在于了解幼儿跟琴唱是否能唱准。调查结果从“歌词”“吐字”“音准”“呼吸”“节奏”“速度”“音色”7个方面进行比较和分析。

调查结果显示，尽管各项唱歌技能的起点与发展不平衡，但在一年之后幼儿都有不同程度的发展与提高。在小班幼儿唱歌的各项技能中，他们对歌词的掌握最容易，节奏次之，速度第三，呼吸第四，音准最难。在歌词方面，能唱全的幼儿从学期初的69名增加到学期末的76名。吐字清楚的幼儿从学期初的69名增加到学期末的79名。音准是各项技能中最难掌握的一项，学期初仅有7名幼儿能够按C调唱准，学期末虽增加到18名幼儿，但仍有65名幼儿不同程度走音。走音的幼儿即使跟着琴唱，也只有22名能唱准，这足以见小班幼儿掌握音准之难。在呼吸方面，能一句一句唱的幼儿从学期初的55名增加到学期末的65名，不同程度断续唱的幼儿从学期初的28名减少到学期末的18名。在节奏方面的提高比较明显，基本唱对节奏的幼儿从学期初的57名增加到学期末的76名，而且节奏质量上也有所提高，学期初出现的抢先唱或延后唱的现象到了学期末有了很大的改进。在速度方面，能保持应有速度的幼儿从学期初的42名增加到学期末的68名，偏快或偏慢的幼儿从学期初的41名减少到学期末的15名。在音色方面，调查显示幼儿在一年中音色变化不显著，个别幼儿的音色由一般变清亮，个别幼儿从一般变沙哑。

基于以上调查结果，汪爱丽教授分析了小班幼儿唱歌各项技能之间发展不平衡的原因。由于3岁幼儿的语言能力已经有所发展，因此大部分幼儿在唱歌时一般都能记住歌词，而且吐字也较清楚。在节奏方面，由于幼儿在生活中接触节奏的机会比较多，而且《我上幼儿园》这首歌的节奏与说话的节奏近似，因此幼儿在把握节奏方面还是比较容易的。在掌握速度方面，小班幼儿普遍偏快或偏慢，越唱越快或者越唱越慢。对于小班幼儿唱歌偏快的现象，汪爱丽教授认为这可能与幼儿的生理机能有关，幼儿的生理活动比成人快，幼儿兴奋多于抑制。对于小班幼儿唱歌偏慢的现象，汪爱丽教授解释为小班幼儿语言发展还不够好，舌头灵活性较差，因此他们的说话速度较慢。在掌握呼吸方面，因为唱歌需要保持一定的气息，并有节制地让气息冲击声带，而小班幼儿还不会很好地控制气息，所以他们唱起歌来会断断续续。在掌握音准方面，汪爱丽教授认为要唱准音必须有良好的听觉和声带调节的能力，而对于小班幼儿来说，这并不是件容易的事。在调查中，汪爱丽教授观察到有的小班幼儿发现自己的声音和琴声不一致时会努力调整，而有的幼儿却无法有意识地调整自己的声音。

基于以上调查结果，汪爱丽教授指出幼儿唱歌能力的发展与幼儿身体的发育，尤其是发声器官的发育有着密切关系。小班幼儿正处于发育阶段，其发声器官尚未发育成熟，且发声器官的生理结构和特征不同于成人，舌头和上下颚的灵活度也不及成人。幼儿发声器官的生理特征对唱歌技能的发展有一定的影响，对唱歌教材的选择也会有一定的限制。歌曲的音域应在C调的1和6之间，在幼儿独唱时可根据幼儿音域的情况适当提高或降低。合唱时应避免让音域差距较大的幼儿一起唱，应让音域接近的幼儿在一起，用幼儿感到合适的音调来唱。此外，歌词应是幼儿日常生活中经常接触的、具体的、形象的、便于幼儿理解的内容。更重要的是，在小班唱歌教学中，教师要注重对幼儿听觉的培养，即让幼儿听教师的声音、听琴声，并逐步学会使自己的声音和教师的歌声或琴声一致。

研讨思考

1. 尝试设想一下，如果你对幼儿歌唱能力（如音准、节奏、吐词）进行研究，会遇到什么困难？你计划如何解决？

2. 在幼儿音乐教育领域里寻找一个你比较感兴趣的话题，与同伴谈一谈你计划如何开展研究。

学做研究

幼儿歌唱教学研究——以音准为切入点

幼儿歌唱教学研究——以音准为切入点[①]

1. 研究目的

在幼儿园歌唱活动中，幼儿唱歌走音现象普遍存在，且幼儿园教师对幼儿歌唱音准的认识存在一定的误区，所以本研究将针对幼儿园歌唱活动中幼儿歌唱走音的现象开展研究，目的在于找出造成幼儿唱歌走音问题的原因，并力图寻找解决策略，使得教师和幼儿在音乐活动中获得更多的快乐体验，同时提高幼儿的歌唱能力和歌唱水平。

2. 研究过程

为了解幼儿歌唱能力的现状，研究者首先对三个年龄段幼儿的歌唱情况进行了一次测量。研究者选取了N市两所省级示范幼儿园，同时也是音乐特色幼儿园，根据对教师的教学活动的观摩以及幼儿的表现，在大、中、小三个年龄段各选取三个班，并在每班随机抽取12名幼儿共108名幼儿进行歌唱测试。研究者要求幼儿选择一首幼儿园教过的且自己愿意唱的歌曲，在小组情境下单独清唱，并用摄像机拍摄幼儿的歌唱过程。接下来，研究者把音准放在整首歌曲的“语境”中进行测量，用表8-1所示的评价工具对幼儿的歌唱能力进行测量。

① 曹玉霞. 幼儿歌唱教学研究：以音准为切入点［D］. 南京：南京师范大学，2006.

表8-1　幼儿歌唱能力评分标准及表现记录（节选）

水平	特点	表现记录
0	儿童没有参加	儿童拒绝参加活动
1	没有唱	儿童可能可以和小组一起唱，但没有单独唱
2	试图唱	儿童的歌唱更像是在说歌词的一部分，不能察觉曲调和节奏
3	热切地尝试唱	重复一两句歌词，很少有曲调或节奏
4	一些时候有曲调或节奏	一些时候能识别出曲调或节奏
5	一直跟着曲调或节奏	可以一直识别出曲调或节奏，在整个音乐中可以跟着打拍子或哼唱
6	一些时候有曲调和节奏	有时候能识别出曲调和节奏，在音乐的部分中可以跟着打拍子和哼唱
7	一直有曲调和节奏	能够一直跟着曲调和节奏，在整个音乐中可以跟着打拍子和哼唱
8	曲调、节奏和1个艺术要素	歌唱在水平7，表现出下面的1个特征： “音量+音调”与歌词的情绪相匹配 面部表情和（或）体态与歌词相匹配
9	曲调、节奏和2个艺术要素	歌唱在水平7，表现出下面的2个特征： “音量+音调”与歌词的情绪相匹配 面部表情和（或）体态与歌词相匹配
10	曲调、节奏和3个艺术要素	歌唱在水平7，表现出下面的3个特征： “音量+音调”与歌词的情绪相匹配 面部表情和（或）体态与歌词相匹配 能很容易并流畅地改变音高和（或）节奏

3．研究结果

研究发现，幼儿的歌唱水平主要集中在“水平6：一些时候有曲调和节奏”，处在该水平的幼儿占44.2%；在“水平4：一些时候有曲调或节奏”的幼儿占19.2%；在“水平7：一直有曲调和节奏”的幼儿占12.5%；在“水平5：一直跟着曲调或节奏”的幼儿占11.5%。总体来看，能准确唱出一首歌的曲调和节奏的幼儿占19.3%，其中有6.8%的幼儿还能够进行表演式歌唱。幼儿歌唱水平的平均数为5.6，即介于“一直跟着曲调或节奏”和“一些时候有曲调和节奏”之间，这说明大部分幼儿在歌唱中的曲调或节奏虽然基本稳定或准确，但也存在不稳定或准确的情况。只有少数幼儿的发展水平较低，处在“尝试唱”或只能处在“在一些时候能保持稳定节奏或唱准旋律”的阶段。

延伸阅读

1. 汪爱丽. 学前教育家文库：汪爱丽文集［M］. 南京：江苏教育出版社，2006. 请重点阅读“上篇：科研论文”。

2. 许卓娅.“早期儿童音乐教学的心理学研究”课题简介（二）［J］.早期教育（教师版），1999（4）：33-34.

单元九　闵传华

名家简介

闵传华，女，生于1939年，湖北武汉人。1957年毕业于南京师范学院附属幼儿师范学校，同年8月在南京市鼓楼区水佐岗小学附属幼儿园工作，1960年到南京市鼓楼幼儿园任教。先后被评为江苏省托幼系统先进个人、南京市劳动模范、南京市精神文明建设标兵、南京市双十佳先进教师。1983年参加中国妇女第五次全国代表大会，1984年被评为江苏省幼教系统首批特级教师，1988年荣获江苏省“有突出贡献的中青年专家”称号，1989年荣获“全国优秀教师”称号。闵传华学习并采用陈鹤琴对长子陈一鸣808天观察的方式，对所在班级36名幼儿进行了为期一年的跟踪观察，建立了400多张教育成长卡片，并将观察的过程和心得凝练在《幼儿教育要从了解幼儿开始》这本书中。

研究案例

闵传华坚信了解幼儿是教育幼儿的基础。但是在实际教学工作中，闵传华发现了解幼儿技能、技巧掌握情况的教师多，了解幼儿思想、发展情况的教师少；了解幼儿表现的教师多，查究根源深入分析的教师少；了解全班整体概况的教师多，了解每个幼儿变化过程的教师少；分门别类按领域专题记录的教师多，以综合整体的观点全面持续地记录每个幼儿教育过程的教师少。闵传华认为这种做法影响了教育的效果。因此，从1985年9月起，闵传华带领着其他教师尝试使用幼儿成长记录卡片，共为鼓楼幼儿园小班的36名幼儿积累了400多张教育成长卡片。

为幼儿制作成长记录卡片

卡片是一人一事一卡，教师既记录幼儿入园初期体、智、德、美、劳各方面的原始情况，又记录幼儿成长过程中的表现与变化。每张卡片上有幼儿的姓名、日期、事由及小标题等。卡片若按时间排列，可进行横向研究；按人排列，可进行纵向研究；按主题排列，可进行专题研究。闵传华认为幼儿记录卡片对因材施教能发挥积极作用。

卡片能够反映同年龄阶段幼儿的不同发展水平和个性特点。闵传华对入园四天幼儿的习惯、个性、独立生活能力做了记录，具体内容有：午睡习惯、午餐习惯，是否会叠手帕、穿鞋子、扣纽扣、解鞋带，是否会用手帕擦鼻涕，在游戏中情绪是否稳定，与同伴能否友好相处，以及是否有良好的自控能力。在幼儿语言、计算、体育、音乐等方面也做了记录，具体内容有：字的发音是否准确，是否知道“许多”和“一个”的不同、“一个也没有”和“没有了”的区别，幼儿动作是否协调、灵活，幼儿唱歌音准、音量、吐字是否清楚。闵传华指出这些记录卡片就是幼儿的学习档案。通过对卡片的分析，教师能掌握每个孩子的特点，从而为有的放矢地进行教育提供依据。

卡片能显示幼儿某个方面的纵向发展过程。幼儿的一些行为习惯、品德、个性、兴趣等，常在各种场合通过不同的角度表现出来。卡片有目的地持续记录他们某个方面的发展过程。闵传华举了一个例子，她为一名姓苏的幼儿记录了15张卡片，其中关于自信心培养的就有7张。在这7张卡片中，前4张记录了教师观察发现该小朋友有爱哭的情况。教师把观察记录的情况进行分析、判断，发现是这位小朋友自信心不强，动手能力差，遇到困难就掉眼泪。在家访中，教师又发现家长包办太多，孩子在家里一遇到难题，不是动脑筋想办法，而是嘴一咧，只要一哭，家长马上就出来帮助解决。教师在与家长统一了认识之后，决定以训练他学会自己吃饭为突破口，帮助他树立自信心，提高动手能力，收到了较好的效果。卡片能纵向地显示幼儿某一方面的发展过程，这就有利于教师较系统地了解幼儿，有利于教师对这一方面的问题进行一系列的教育，以便在较短时间内取得较明显的教育效果。

卡片能帮助教师对幼儿进行观察、教育，有针对性地指导幼儿发展。幼儿初入园时，进食习惯差，突出表现为吃饭很慢。通过集体教育与个别指导，幼儿虽有一些进步，但仍不稳定，个别差异还很大。经过观察，闵传华把各个幼儿吃饭慢的原始表现分别记录在各自的卡片上。通过对卡片的分析，她发现慢仅是一种现象，究其原因，每个孩子各不相同，如继续采取过去那种一般性的督促、提醒、表扬、鼓励，收效是不会大的。针对幼儿各自吃饭慢的原因，她制订了不同措施，并写在卡片上，进行有针对性的教育。如有的孩子吃饭慢是由于注意力不集中，爱东张西望，教师就要注意提醒；有的孩子不会咀嚼，喜欢吮来吮去，就要教给他正确的咀嚼方法；有的孩子吃饭慢是因为挑食，就要用讲道理的方法，并结合适当的鼓励逐渐改变幼儿的行为；有的孩子依赖性强，要人来喂，就要采用与家长配合、提高动手能力的方法。在实施过程中，教师观察某项措施对某个孩子的效果，记录到卡片上进行再分析，以便及时修改措施，争取取得最佳效果。

重视卡片的持续记录、分析与反思，有利于教师寻求科学、合理的教育方法，有利于教师总结经验，吸取教训，摸索教育的规律。有教师反映在实际工作中由于幼儿数量多，观察很难做到细致、周到，直观、如实的记录方法又带有较强的随机性，而且对每个幼儿的记录次数也不平衡。另外，这些记录也仅仅是幼儿成长过程中大量变化现象中的极少一部分。面对这些问题，闵传华强调要使记录卡片发挥更大的作用，就必须将它与教学效果的分析、记录、学期末的教育测查或其他方法结合使用。教师必须努力学习做科学育儿的有心人，研究、探讨、运用科学的方法，对教育过程中的各种信息进行储存、提取、迁移、加工使用，才能提高教育工作水平，促进幼儿更好地成长。

研讨思考

1. 尝试在专业见习时在口袋里放置卡片，便于随时记录幼儿的语言和行为。

2. 请访谈两位幼儿教师，听听他们如何在日常工作中记录幼儿学习和生活的点滴。

3. 你认为下面的“学做研究”中的图表记录有哪些描述需要进一步完善？有哪些描述很准确且值得我们借鉴？请在原文标注。

学做研究

小班幼儿常见握勺姿势，见图9-1至图9-8。

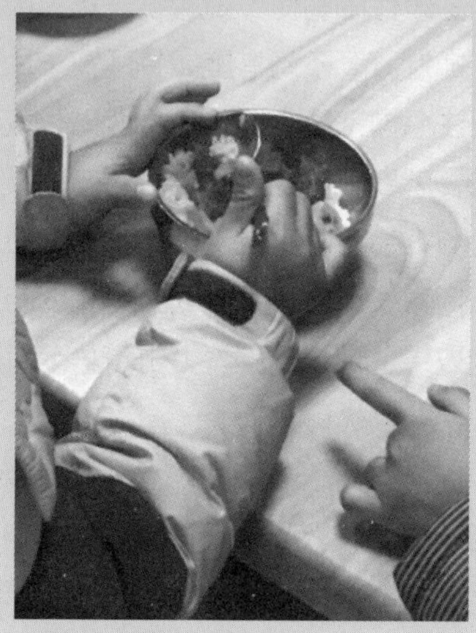

图9-1　右手握拳，用大拇指与食指夹住勺柄

图9-2　用整只右手正抓住勺柄

图9-3　用整只右手正抓住勺柄，食指翘起

图9-4　用大拇指与食指握住勺子

图 9-5　右手握拳，大拇指绕着勺柄

图 9-6　右手中指、食指与大拇指紧握着勺柄

图 9-7　四指抓握勺柄

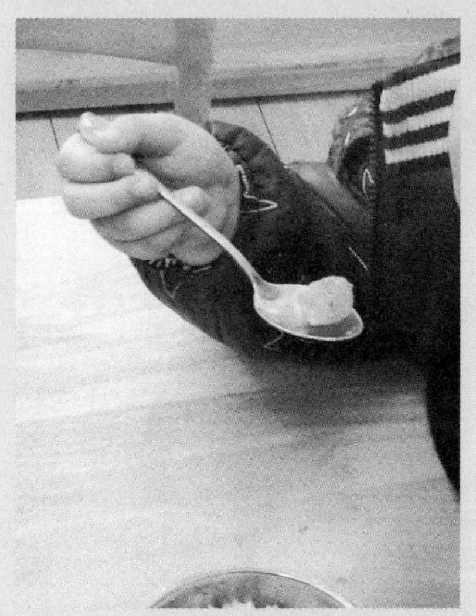

图 9-8　拇指在上，食指和中指在旁

小四班幼儿握勺姿势统计，见表9-1。

表9-1　小四班幼儿握勺姿势统计

幼儿	特点	表现
男孩A	五指	一把抓，右手，大拇指按在勺柄远端，其余四指弯曲并拢在勺子下端（大概握住整个勺子的2/3）
女孩B	五指	与男孩A一样
男孩C	三指	有分化，大拇指抵在勺子远端约1/4处，食指搭在勺子边缘，其余三指并拢弯曲靠在勺子下面（勺子压在中指上），勺子顶端落在虎口处
男孩D	五指	左手，五根手指成团握状收拢在勺子顶端，大拇指压在上面，其余四指向内弯曲握紧。勺子顶端抵在食指第二与第三指节交界处（和反手一把抓的区别在于D的手指有分离，用力点在勺子远端约二分之一处）
女孩E	四指	大拇指轻按在远端，食指和中指搭在侧边上稳住，其余两指并拢、弯曲在勺子下面（用力点在勺子远端1/3处）。勺子顶端搭在虎口靠近食指根部处。勺子压在无名指上
女孩F	两指	大拇指和食指捏住勺子的1/2处，其余三指靠拢在下方
女孩G	两指	右手握成拳，勺子抵在食指上，大拇指覆盖上去扶住
女孩H	五指	右手一把抓
女孩I	四指	勺子抵在右手的中指和无名指上，食指和大拇指覆盖上去握住，小拇指放空
女孩J	三指	勺子抵在右手中指上，食指和大拇指覆盖上去握住，小拇指、无名指、中指紧握
女孩K	三指	大拇指靠近虎口处抵在勺子远端，食指搭在勺子边缘，其余三指并拢、弯曲靠在勺子下压中指
男孩L	五指	右手一把抓，大拇指抵住勺柄远端，食指抵在大拇指关节相对的另一侧勺柄处，其余三指包住勺柄末端
女孩M	三指	大拇指中间关节处抵在勺子靠近末端处，食指搭在勺子边缘，其余三指并拢、弯曲靠在勺子下面
男孩N	三指	大拇指指腹抵在勺子靠近末端处，食指搭在勺子边缘，其余三指并拢、弯曲靠在勺子下面

续表

幼儿	特点	表现
男孩O	三指	右手大拇指捏在内侧面，食指和中指捏在外侧面，无名指和小指抵在勺子近端的下面。右手大拇指上翘，抵在勺子远端的上面，其余四指弯曲成一个水平面，其中食指贴在勺子下面
女孩P	三指	右手大拇指上翘，抵在勺子远端的上面，食指捏住勺子外侧，其余三指弯曲成近乎水平面，其中中指贴在勺子下面
男孩Q	三指	右手手背朝上呈握拳状，大拇指右侧贴在勺子下面，其余四指呈弯曲状包住勺子柄。右手大拇指下压，抵在勺子远端的上面，食指靠根部贴在最远端下面，食指垂直式弯曲，食指指尖（和勺子柄脱离）和大拇指指尖相贴，中指靠根部抵住勺子下面，其余两指贴着中指
男孩R	三指	右手大拇指上翘，抵在勺子远端的上面，食指捏住勺子外侧，其余三指弯曲成近乎水平面，其中中指贴在勺子下面
女孩S	三指	右手大拇指上翘，贴在勺子远端的上面，大拇指指尖和食指靠指尖的关节相贴，食指根部贴在勺子下面，中指贴在靠近端的下面，其余两指位于中指下方
女孩T	五指	左手扶住碗，右手手心向下，拇指靠近勺子近端的下面，且微微上翘，小手指不靠着勺子，其余三指贴着勺子
男孩U	三指	左手扶住碗，握勺子的姿势接近拿笔的姿势，勺柄位于拇指和食指之间，其余三指垫在下面
女孩V	两指	左手拿勺子，勺子位于拇指和食指之间，接近虎口处，右手扶住碗
女孩W	三指	左手扶住碗，勺柄位于虎口处，且穿过食指与中指之间，拇指紧贴食指且微微上翘
女孩X	三指	左手没有扶住碗，右手拇指在勺子柄上面，食指和中指在勺柄下面，三根手指握勺，其余两只手指指向掌心并且触于掌心
男孩Y	三指	左手扶住碗，右手拇指位于勺子上面，食指位于勺子侧面，中指在勺子下面托着勺子，其余两指指向手心且触于掌心

以上观察记录均由南京师范大学学前教育系2016级本科生提供。

延伸阅读

1. 闵传华.教育要从了解幼儿开始［J］.幼儿教育，1987（5）：4-5.

2. 闵传华.学习交往语言，促进幼儿语言交往能力的发展［J］.早期教育（教师版），1995（11）：30-31.

3. 方苑.爱的奏鸣曲：访特级教师闵传华［J］.幼儿教育，1985（7）：5-6.

单元十　朱静怡

名家简介

朱静怡，女，生于1947年，毕业于杭州幼儿师范学校，曾任浙江省湖州市第一幼儿园园长、浙江省湖州市教育委员会教研员，1986年被评为浙江省特级教师。2002年，被南京师范大学聘为客座教授。20世纪80年代初，幼儿园普遍存在着重知识传授轻能力发展、重教师教轻幼儿学等弊病，朱静怡独树一帜地提出了幼儿园课程要以发展幼儿的认知能力和社会行为能力为目标。通过实践探索，她提出“只有走出去，孩子们才有自由发挥的空间”，并指出“应充分加强幼儿在群体生活中相互适应和协调能力的培养”，在此基础上创建了“以发展幼儿的认知能力和社会行为能力为目标”的幼儿园课程。1989年10月24日当幼儿教育国际研讨会在南京召开时，世界学前教育组织主席柯蒂斯教授将此课程命名为“发展能力课程”。2003年秋，《幼儿园发展能力课程》由南京师范大学出版社出版发行，这对我国学前教育课程建设具有重要价值。

研究案例

幼儿园区角活动越来越为大家重视。在区角活动中教师作用应该体现在哪里，成了大家研讨和追寻的焦点。朱静怡指出，区角活动应该成为幼儿展现自然天性的园地。正因为如此，教师应该把幼儿在哪里玩、玩什么、怎么玩、和谁玩的权利统统交给幼儿，这是区角活动价值的切入点和归属。为此，朱静怡强调教师应该在幼儿园区角活动中学会观察，学会发现问题，学会追查问题的原因，同时要学会解决问题，保证教师对幼儿发展既不过多干预，又不乏支持和指导。要做到教与学的真正和谐，必须从观察入手。

观察区角活动的要点与经验

观察要点一：从区角活动所能吸引幼儿玩的人数和次数来判断区角内容是否符合幼儿需要。教师应该定期对区角活动的人次进行记录，以分析、判断幼儿是否喜欢区角内容。教师还要对这些数据做出分析并寻找其原因，然后进行调整。当然调整可以是将内容全部撤换，也可以是替换部分不适宜的内容。在分析原因的时候，教师一定要考虑幼儿的年龄特点。如，朱静怡在一所幼儿园看到大班设置的数学区只给幼儿提供了笔和纸，让幼儿练写10以内的加减算式，没有任何辅助的操作材料，此区当时只有一个幼儿在练写，书写的数字歪歪扭扭。朱静怡看到后马上向当班教师了解为什么要设这个内容，教师回答因为领导要求设置学习型区角。朱静怡听后觉得非常奇怪，为什么要提出学习型区角呢？哪个区角没有学习的价值？幼儿期学习的本质特征就是游戏性。幼儿在积木区玩积木的过程中能获得对“体”的认知，如长方体、正方体等，也是间接地学习数学；玩积木也会有对建筑技术的感知和体现，这其中隐含着力学知识；在合作搭建中，幼儿可以学习交往技能。朱静怡认为不必过分强调学习型区角这个名称，只要保证有丰富的操作材料能引发幼儿玩的兴趣就可以了。因此，这个数学学习型区角是不合适的，书写算式是明显的知识学习，刚入大班的幼儿书写能力尚未形成，即使要写也应该在大班的第二学期为妥，到那时，幼儿手眼协调能力、空间感知觉才具备一定的基础。大班幼儿的抽象思维开始萌芽，教师可以提供相关的牌类、棋类材料，让幼儿在棋牌游戏中了解加与减的特点。朱静怡曾在带大班时和幼儿玩“接龙”“争上游”等牌类游戏，引发了幼儿学习数学的兴趣。幼儿会玩扑克牌，就表明其掌握了一些基本的数的概念。

观察要点二：在设置区角的过程中必须考虑区块与区块之间的空间关系，保证活动的流畅性。每个区角还要保证幼儿进出方便。合适的空间布局可以避免幼儿之间不必要的争执，保证幼儿的安全，方便幼儿顺利地活动，这就是注重区角空间布局的主要目的。朱静怡有一次到一个幼儿园看大班区角活动，两个幼儿蹲在区角与区角之间的通道上玩陀螺。这说明教师知道陀螺在运动中需要占用一定的空间，比较开明地同意幼儿在地板上玩。但是，教师忽略了周围还有人员走动的情况。朱静怡看到两个幼儿左顾右盼，怕走动的人碰撞到陀螺，这客观上影响了幼儿专注玩的心情，于是她上前劝幼儿把活动移到午睡室。因为空间选择必须按照内容和玩的需要以及班级的实际情况来确定，他们的午睡室有空地，所以她让幼儿到那里玩。还有一次，朱静怡看到一个班级的图书角设在最靠近教室门口的地方，虽然铺设了地毯，也有书架作为区域间隔，但毕竟是人员进出频繁的地方，朱静怡认为这样的设置干扰了幼儿的注意力。她强调空间（包括同一区角中的空间和桌面空间）要方便幼儿操作，避免幼儿活动时互相干扰。针对幼儿最喜欢手工或者是插塑之类的操作内容，教师一般要为幼儿提供操作活动的桌子，但很多教师忽略了桌面空间的布局，常常会将比较大的塑料筐放在桌面中间，而恰恰有的桌子是小方桌，可想而知，幼儿能使用的空间少之又少，这容易导致同伴间的争执或玩具散落一地的现象。这些情况，教师都要通过观察寻找原因，再作调整。如，把大筐变小筐，随幼儿的操作分次向小筐中增加材料，或给幼儿添放材料的自主权，以解决桌面操作空间的问题。

观察要点三：在区角活动过程中，幼儿的活动状态也是教师判断区角安排合理性的重要的评判标准。我们可从以下几方面去观察活动状态：活动的时间长度是否和这个年龄段幼儿的生理特点相吻合；幼儿个人的当天心情、幼儿的游戏经验、游戏区域中的操作材料是否适宜；等等。通过观察，教师总会从幼儿活动的表现上发现蛛丝马迹。在活动过程中，教师要积极地寻找这些蛛丝马迹。幼儿的活动状态可以从幼儿的面部表情和肢体语言判断。教师一旦观察到幼儿状态不好，就应该及时介入游戏场景，向幼儿了解是同伴关系问题、材料问题，还是家庭生活的问题。一旦知道原因，教师应尽可能地及时解决问题。如果无法解决，也要给幼儿一个承诺，让幼儿得到宽慰，恢复玩的情绪。在解决材料问题上，除了及时补充材料，教师也可以和幼儿寻找替代性材料。因此，区角活动过程不仅是一个对现成材料的操作过程，也可能是游戏发展的契机。

观察要点四：区角活动中幼儿的伙伴关系。教师们常抱怨幼儿多，做到细致观察很困难。幼儿多虽然会使教师和幼儿相互关注的机会减少，但也增加了幼儿同伴互动的机会。教师常说要调动幼儿的已有经验，尤其是每个幼儿的个体经验。而这些个体经验一旦有机会互动的话，幼儿的学习就会真正发生。所以，教师必须关注一个区角中同伴间的相互关系，特别是同伴之间的争议。面对争议教师不必惊慌，争议是幼儿间经验的释放和碰撞，幼儿间的互相作用远胜于成人对幼儿的作用。因为他们的心智基本接近，互相影响有说服力。作为教师，在幼儿有争议的时候要有静观的意识和表现，延缓介入。教师要尽可能地让幼儿自我解决，如不能解决，也不能简单地评判对错，一定要先听听双方的陈述，还可以让旁边的同伴补充事实，或者提出建议，以此来提高幼儿的协调能力。朱静怡认为，并不需要在每次区角活动结束后都进行谈话或总结，应该把此环节融入区角活动过程中，以幼儿间发生冲突的事实案例作为提升幼儿评判能力的机会。观察幼儿的伙伴关系很重要，教师可以据此有效解决区角活动中人际关系的教育问题。朱静怡经常看到班级活动室里的区角用挂牌或脚印的方式规定区角里的人数，她认为实际上这是一种被动的人际关系教育。通过观察，她发现幼儿结伴的因素取决于经验、兴趣、平时的友谊基础这几个方面，如果其中的一两个因素符合幼儿结伴的需要，那么幼儿就可以在狭小的空间里和平相处。

研讨思考

1. 请尝试将以上观察要点运用到你的见习或实习过程中，并与同伴谈一谈你的体会。

2. 在见习或实习过程中，尝试选择一个你比较感兴趣的区角，持续观察一周，并将幼儿在该区角的游戏过程记录下来。

学做研究

幼儿区域活动观察记录1

场景一：苏果超市（女生A和实习生S）

A：姐姐，你想买娃娃吗？我们这儿有好多好看的玩具娃娃。

S：噢，是吗？那带我去看看。

A：这是一只垂耳兔，它很可爱的。

S：噢，这个洋娃娃也很可爱呀！

A：她叫安莉。你想要的话可以免费送你哟！

S：谢谢你，我还想看看其他东西。可是我没有钱怎么办？

A：你可以去银行取钱。

S：可是我出门没带银行卡，怎么办呢？

A：你跟我去柜台那里，在我们这儿买东西可以扫一扫二维码的。

S：（掏出手机扫码，滴滴滴）好啦，付款成功，我先带它回家啦。

A：好的，再见！

场景二：儿童医院（男生B1和B2，女生C）

B1（抱着一个布娃娃来到输液处）：它最近不吃饭，屁股生虫发痒，你帮它看看病。

C：你有挂号牌吗？

B1：有啊，17号。

（C抱住布娃娃并把它放在座椅上，拿起输液管调试了下，扎进布娃娃手上。C给布娃娃输完液后，B1抱着它来到中西药配取处。）

B1：医生，我孩子肚子疼，不吃饭，你给他看看。

B2：肚子疼啊，我们这是小医院，没有这种药。

B1：你那儿都是什么药啊？

B2：感冒药，你们不能乱吃！

B1：知道了，走啦！

场景三：茶馆（男生B和实习生S）

B：卖茶叶咯！新鲜茶叶！你要喝茶吗？

S：我要一杯。

B：好嘞！您稍等片刻！（男孩开始拿着剪刀裁剪绿色卡纸片。）

S：多少钱？

B：2块钱一杯。

S：我这里有10块钱，你要给我找多少？

B：6块。

S：你只给我找6块吗？那我买一杯不是花了4块钱吗？

B：那给你找9块。

S：10−2=9吗？那你不是少赚1块钱？

B：我不太懂，那我把钱还给你，茶免费给你喝一杯。

S：好，喝完啦。

B：您买的茶叶可以带回家，喝完了茶杯留下。

S：好的，给你（茶杯）。

场景四：果饮店（男生B1和B2，教师T，女生C）

B1：你们要喝饮料吗？（前面走了一位小客人。）

T：你们问客人的时候要有礼貌一点，要说请问你们……

B1：请问你们要不要喝饮料啊？

C：我每种（果酱）都要加一点可以吗？

B2：不可以混的，因为这样我们就不好收钱了。

C：黄色是什么味道的？

B1：芒果、橘子、香蕉。

C：那绿色的呢？

B1：草莓、苹果。

C：草莓是绿色的吗？

B1：那是没有熟的草莓；还有西瓜。

B2：苹果是红色的。

B1：也有绿苹果。

C：西瓜也是红色的吧，西瓜你是吃皮还是吃肉啊？

B1：我吃过皮，很好吃的。

C：给我来杯西瓜汁吧，多少钱呀？免费的吗？

B2：免费，免费！

C：那你们不是亏死啦！

B2：因为我们有活动，我们班的就要给钱，你们没有钱不用给。

C：噢！谢谢啊！

B1：欢迎下次再来品尝啊！

C：好的，好的！

幼儿区域活动观察记录2

时间：3：20—3：40。

地点：建构区。

观察对象：轩轩和瑞瑞。

轩轩左手持小路标，右手拿着积木正兴冲冲地搭着“高架桥”。其他小朋友也在专注地搭着自己的积木，如停车场、警察局、城堡等。因为提供的辅助材料有限，轩轩在把“高架桥”搭好之后，愣愣地看着别的小朋友手里的小汽车，突然他注意到瑞瑞一个人蹲坐在旁边拿着小汽车在地板上玩。

轩轩对瑞瑞说：“我能和你一起搭么？因为我只有小路标，没有小汽车。”

瑞瑞点点头说：“可以呀，你在搭什么呢？”

轩轩骄傲地指了指自己刚搭好的“高架桥”，随即坐在地上拿起一块U形积木，想搭一个转弯通道。轩轩让瑞瑞拿着U形积木，自己找了一块积木支撑U形积木的左边，没想到轩轩和瑞瑞放手的时候U形积木却倒塌了下来。

瑞瑞大声对轩轩说：“不行，不行，一块积木撑不起来！”

轩轩随即又拿了一块积木支撑住U形木的右边，没想到这次还是塌了。轩轩和瑞瑞此时安静下来，用手拿起U形木比画了起来。

轩轩说：“我还要再拿一块。”

瑞瑞说：“这次我们要把积木放到这个中间。”

轩轩不泄气地从积木箱又取了一块积木，瑞瑞托住U形积木的两头，在瑞瑞的帮助下，轩轩小心翼翼地撑起了U形积木的中间部分，这一次，U形积木没有倒塌。

轩轩高兴地大叫：“哇！原来要用三块木头啊！”

随后两个人高兴地在自己搭建的“高架桥”上摆放路标和玩小汽车（图10-1）。

［分析］在投放辅助材料后，大班幼儿出现的合作行为比投放辅助材料前增多，大多是交换辅助材料或者是利用辅助材料合作进行搭建。幼儿通过合作探索

图10-1　轩轩和瑞瑞玩搭“高架桥”的游戏

得出U形积木要搭建起来需要三块积木支撑，而非简单的两块积木。因为U形积木特殊的形状决定了其受力点为三个，即左边、右边和中间。幼儿在合作探索中促进了数学能力的发展，且提升了建构水平。

幼儿区域活动观察记录3

时间：10：15—10：23。

地点：活动室外的走廊。

观察对象：男生A。

男生A拿着IPad和计时器去走廊，我问："你为什么要出去啊？"

A："因为我要操控机器人，要到外面走廊上去。"

A又搬了一个小板凳，坐在教室门口，将计时器设定为10分钟，再打开了机器人的开关，机器人眼睛亮了，并且还响起了一段音乐。A让机器人面向长廊，并调整好方向。接着，A打开应用软件，软件操作界面显示有"开始、行驶、看、灯光、声音、动作、控制、变量、配件"等，A先把"开始"拖到操作界面靠上的位置，然后点击"行驶"，这时出来一列选项：向前50 cm正常、向后50 cm正常、向左转90°、向右转90°、转向说话人、停下轮子、设置轮速（左、向前、正常、右、向后、正常）。

A选择了"向前50 cm正常"，他把长方形指令拖到了"开始"的下方，然后又点击了矩形方块指令，方块边框变成了黄色，并且又跳出一个操作界面（是用来调节行驶距离和速度的）；A向下滑动箭头，行驶距离变成了100 cm；在调整好之后，A继续拖动了五个向前指令的矩形方块排列在下方，行驶距离均为100 cm。

之后，A再次调整了机器人的位置，使其在走廊的正中间，并且面向正前方。在调整好之后，A说"出发！"并点击"开始"按钮，机器人开始执行指令。当行驶到第三个100 cm时，隔壁班的小朋友出现在走廊上，A急忙起身跟上机器人，并且对小朋友说："请你让一下，会碰到你的。"小朋友看了一眼机器人，走到了一边，继续看着机器人行驶。A一直跟着机器人，以保证它行驶方向正确，不会撞到人。

在机器人行驶完预定的路线后，A再次调整好方向之后，自己跑回板凳上，开始设计机器人的返程。A拖动"开始"按键到操作界面，接着选择了"向后50 cm正常"，并且把行驶距离调整为100 cm；A拖动了三个"向后"指令之后，数了数之前“向前”指令的数量，然后又拖动和调整了两个“向后”行驶的指令，按下“开始”键，这时机器人开始向后退，执行完指令，正好退回到刚才出发的位置。

A：“我的机器人真听话！”

我：“是你让它听话的，你开心吗？”

A：“开心！我们班只有我最会操作机器人，机器人都不听他们的话。我还要让它拐弯！”

说完，A把机器人的方向调整为面向拐角的地方，又拖了一个“开始”命令放在操作界面空白处，拖动了“声音”命令，为机器人选择了打招呼的语言“你好”。

A：“再也不选火警了，上次吓到他们了，哈哈！”

然后A又拖动“向前50 cm正常”。

A指着拐角处问我：“老师，50 cm能不能走到这？”

我大致比画了一下：“50 cm大概这么长，你看看需要几个50 cm？”

A请我在地上比画一下，A说：“好像一个不够，两个又太长了。哦！我知道了！”说完，他把向前的50 cm调整为80 cm，问我：“老师，你觉得这样可以吗？”

我：“我也不知道，我们一会儿试一下。”

A站起来，站在机器人后面，自言自语道：“这是向左转。”然后找到了向左转的矩形方块，将它拖到操作界面的下面，迫不及待地要试一试他调整的80 cm可不可以到达拐角处。他点击了开始，机器人向前行驶了80 cm，正好到达了走廊的正中间，A开心地说：“老师，你看！正好！ Yeah！我要告诉李老师去！”说完，A跑去找来了主班李老师看他的成果，李老师吃惊地听完A的叙述，夸奖了A：“你现在机器人玩得越来越好了！下次继续挑战更难的好不好？”

A：“好的！”说完，A收起了机器人，很开心地走进了教室。

[分析] 大班幼儿操作Ipad和机器人的熟练度、流畅度明显好过中班幼儿，这说明大班幼儿对如何操作游戏有了更好的了解。中班幼儿的了解大多停留在表面，要在多次试误之后找到正确方式，而大班幼儿对于游戏的“来龙去脉”已经能够把握。另外，大班幼儿有很强的自我意识和创新意识，当看到同伴发明了新的玩法时，他们也会发明出新的玩法，所以，大班幼儿的操作形式非常多样。如

果说中班幼儿是在跟着游戏规则走，那么大班幼儿就是不断改变和创造规则，他们跟着自己的兴趣和想法走，数字化设备在大班幼儿手中更像是一种工具，而并不只是玩具这么简单。

以上观察记录和分析由南京师范大学学前教育系2015级和2014级本科生提供。

延伸阅读

1. 朱静怡.我观察区角活动的要点与经验［J］.福建教育，2014（11）：22-23.

2. 朱静怡.幼儿园大班绘本教学初探［J］.学前课程研究，2007（9）：40-42.

3. 董剑晖.人物介绍：朱静怡［J］.早期教育（教师版），2014（6）：封面.

参考文献

著作：

[1] 陈鹤琴. 陈鹤琴全集：第1卷[M]. 南京：江苏教育出版社，2008.

[2] 陈鹤琴. 家庭教育[M]. 2版.上海：华东师范大学出版社，2013.

[3] 陈鹤琴. 怎样做幼稚园教师[M].上海：华东师范大学出版社，2013.

[4] 戴自俺.张雪门幼儿教育文集：上卷[M].北京：北京少年儿童出版社，1994.

[5] 戴自俺. 张雪门幼儿教育文集：下卷[M].北京：北京少年儿童出版社，1994.

[6] 方观容. 学前教育家文库：方观容文集[M].南京：江苏教育出版社，2006.

[7] 黄人颂. 学前教育家文库：黄人颂文集[M].南京：江苏教育出版社，2006.

[8] 黄书光. 陈鹤琴与现代中国教育[M].上海：上海教育出版社，1998.

[9] 吕静，周谷平. 陈鹤琴教育论著选[M].北京：人民教育出版社，1994.

[10] 唐淑. 童心拓荒：现代儿童教育家陈鹤琴[M].南京：南京大学出版社，2001.

[11] 汪爱丽. 学前教育家文库：汪爱丽文集[M].南京：江苏教育出版社，2006.

[12] 王伦信. 陈鹤琴教育思想研究[M].沈阳：辽宁教育出版社，1995.

[13] 张宗麟. 张宗麟幼儿教育论集[M].长沙：湖南教育出版社，1985.

[14] 赵寄石. 学前教育家文库：赵寄石文集[M].南京：江苏教育出版社，2006.

[15] 钟昭华. 中国学前教育史[M]. 北京：人民教育出版社，1993.

论文：

[1] 陈秀云. 陈鹤琴先生对现代中国幼教的开创性贡献：纪念中国幼教百年[J]. 爱满天下，2004(1)：19-25.

[2] 戴自俺. 张雪门先生生平及其幼儿教育思想[J]. 幼儿教育，1991(4)：2-3.

[3] 董剑晖. 人物介绍：方观容[J]. 早期教育(教师版)，2010(4)：封面.

[4] 董剑晖. 人物介绍：黄人颂[J]. 早期教育(教师版)，2011(7)：封面.

[5] 董剑晖. 人物介绍：赵寄石[J]. 早期教育(教师版)，2010(2)：封面.

[6] 董剑晖. 人物介绍：朱静怡[J]. 早期教育(教师版)，2014(6)：封面.

[7] 方苑. 爱的奏鸣曲：访特级教师闵传华[J]. 幼儿教育，1985(7)：5-6.

[8] 胡审严. 张雪门与近代中国的幼儿教育[J]. 浙江万里学院学报，2001(14)：92-95.

[9] 闵传华. 教育要从了解幼儿开始[J]. 幼儿教育，1987(5)：4-5.

[10] 闵传华. 学习交往语言，促进幼儿语言交往能力的发展[J]. 早期教育(教师版)，1995(11)：30-31.

[11] 皮军功. 吾生也有涯，而知也无涯：访黄人颂先生[J]. 学前教育研究，2003(7)：60-62.

[12] 齐燕戈. 把科研之根深植在幼儿园：访中央教科所幼儿教育研究室主任史慧中[J]. 早期教育(教师版)，1991(4)：26.

[13] 石晓波. 我读张雪门的《幼稚园教育概论》[J]. 早期教育(教师版)，2007(7)：14-15.

[14] 史慧中. 20年幼儿教育规划研究缩影[J]. 学前教育研究，2005(4)：5-11.

[15] 史慧中. 质的研究方法与量的研究方法综合运用的粗浅体会[J]. 学前教育研究，2003(5)：18-21.

[16] 唐淑. 我国幼儿园社会领域教育初创阶段研究略述[J]. 学前教育研究，2006(2)：8-10.

[17] 唐淑. 赵寄石学前课程思想的发展历程[J]. 早期教育(教师版)，2010(9)：4-5.

[18] 汪爱丽. 略谈幼儿节奏感的培养[J]. 幼儿教育，1983(12)：6-7.

[19] 汪爱丽. 小班律动教学中创造能力的培养[J]. 幼儿教育，1985(5)：10.

[20] 王磊. 我读张宗麟的《幼稚教育概论》[J].早期教育(教师版), 2007(12): 12-13.

[21] 王振宇, 秦光兰, 林炎琴. 为幼儿教育发现中国儿童, 为儿童创办中国幼儿教育: 纪念陈鹤琴先生诞辰125周年[J]. 学前教育研究, 2018(1): 3-12.

[22] 许卓娅."早期儿童音乐教学的心理学研究"课题简介(二)[J].早期教育(教师版), 1999(4): 33-34.

[23] 余珍有, 唐淑. 试论赵寄石学术思想的发展[J].幼儿教育, 2003(9): 18-19.

[24] 虞永平. 陈鹤琴的科学精神[J].今日教育(幼教金刊), 2018(1): 4-6.

[25] 虞永平. 赵寄石的幼儿园课程研究[J].早期教育(教师版), 2010(9): 5-7.

[26] 张沪. 教育家张宗麟的坎坷一生[J].炎黄春秋, 2001(6): 48-54.

[27] 张慧和, 唐淑. 百岁方观容教授的幼教之路[J].早期教育(教师版), 2013(10): 14-15.

[28] 赵寄石. 参加幼儿语言教学大纲研究的几点做法和体会[J].中国教育学刊, 1980(1): 69-71.

[29] 朱静怡.我观察区角活动的要点与经验[J].福建教育, 2014(11): 22-23.

[30] 朱静怡.幼儿园大班绘本教学初探[J].学前课程研究, 2007(9): 40-42.

封面故事

妈妈是孩子最熟悉、最亲切的人，妈妈自然成为儿童绘画的常见题材。本系列 5 本书的封面作品为同一个孩子在不同时期（3—7 岁）创作的同一个主题（妈妈）的绘画。本册封面作品是孩子在 4 岁时创作的。孩子注意到耳朵的细节，并画出三层关系；注意到衣领的位置；对手指开始关注；注意到面部五官的位置，尤其是眉毛与眼睛、嘴唇与牙齿的位置。

感谢孩子和他的母亲向我们提供了这五幅画，也正是这种有心的“档案式”记录，才让我们有机会看到同一孩子不同时期、同一主题的作品。

当你将本系列的所有书摆在面前时，你会惊讶地看到妈妈的形象随着孩子年龄的增长日渐丰盈，当然你可能也会感慨孩子飞速的阶梯式的发展。

阶梯式学前教育研究方法系列

学前教育研究方法导论

跟随学前教育名家做研究

学前教育观察法

学前教育调查法

学前教育专业毕业论文写作

“做”这个原则，是教学的基本原则，一切的学习，不论是肌肉的，不论是感觉的，不论是神经的，都要靠“做”的。不看花卉，不能欣赏花卉的美丽，不听音乐，不能欣赏音乐的感染力，不尝酸甜苦辣，哪会知道酸甜苦辣的味儿呢？不是胼手胝足，哪会知道“粒粒皆辛苦”呢！

所以凡是学生能够自己做的，你应该让他自己做。

——《陈鹤琴教育文集》

ISBN 978-7-04-052849-7

定价 15.00 元